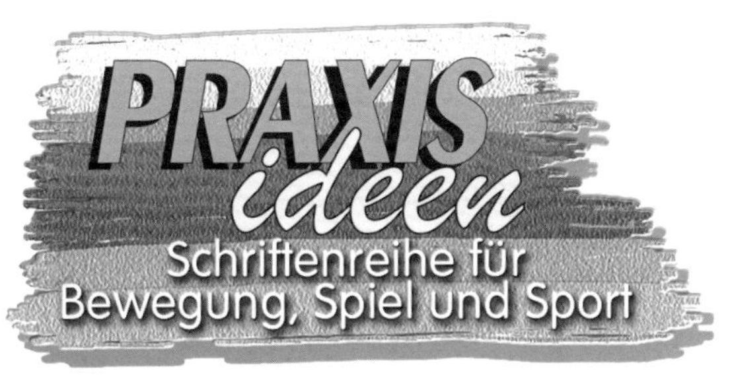

2. Auflage

Koordinationsschulung im Kindes- und Jugendalter

Eine Übungssammlung für Sportlehrer und Trainer

Christian Kröger / Klaus Roth

hofmann.

Bibliografische Information der Deutschen Nationalbibliothek
Die Deutsche Nationalbibliothek verzeichnet diese Publikation in der Deutschen Nationalbibliografie; detaillierte bibliografische Daten sind im Internet über http://dnb.d-nb.de abrufbar.

Bestellnummer 2622

2. Auflage 2021

Kapitel 1: Prof. Dr. Klaus Roth
Kapitel 2: Dr. Christian Kröger & Prof. Dr. Klaus Roth
Kapitel 3: Dr. Christian Kröger unter Mitarbeit von Larissa Schmidt
sowie in Kooperation mit Ronald Jacobsen
(Grund- und Gemeinschaftsschule am Eiderwald, Flintbek)

Erschienen als Band 62
der PRAXISIDEEN – Schriftenreihe für Bewegung, Spiel und Sport.

Druck und Verarbeitung: Plump Druck & Medien GmbH, Rheinbreitbach
Printed in Germany · ISBN 978-3-7780-2622-9

INHALT

Klaus Roth

Begriffliche und theoretische Grundlagen der Koordinationsschulung

Kapitel

1

1.1 Einleitung

In der Sportwissenschaft und der Sportpraxis gibt es eine Reihe von Erfahrungen und Überzeugungen, die kaum noch kontrovers diskutiert oder gar infrage gestellt werden. Hierzu gehört unzweifelhaft die Einschätzung, dass einer *allgemeinen Koordinationsschulung* im Kindes- und Jugendalter eine zentrale Bedeutung zukommt. Alle Experten sind sich einig: „Es gibt kein zu früh!", das Training der koordinativen Fähigkeiten bereitet Freude, ist altersgerecht, hilft beim Überwinden von Defiziten in der motorischen Entwicklung und stellt so etwas wie einen „Wunderdünger" für sportliche Talente dar.

Koordinationsschulung im Sportunterricht

Vor diesem Hintergrund erscheint es nicht überraschend, dass die Verbesserung der koordinativen Fähigkeiten zu den unaustauschbaren Bestandteilen des Sportunterrichts im Primarbereich und an den weiterführenden Schulen gehört. Zwar ist in den kompetenzorientierten *Lehrplänen für den Grundschulsport* nicht mehr direkt von Fähigkeiten die Rede, aber in den Auflistungen der zu vermittelnden fachlich-inhaltlichen Kompetenzen finden sich zahlreiche koordinativ akzentuierte Handlungsfelder (z. B. Bewegungskünste, Bewegen im Rhythmus, Ausdruck durch Bewegung, tänzerische Gestaltung oder Bewegung auf rollenden und gleitenden Geräten; vgl. Roth, Damm, Pieper & Roth, 2014). Dies schreibt sich in den Richtlinien der 16 Bundesländer für die *Haupt-, Real-, Gesamtschulen* und *Gymnasien* nahezu unverändert fort. So sind zwei der sechs pädagogischen Perspektiven für den Bildungsgang Realschule in Hessen (2006) allgemeinen koordinativen Aufgabenstellungen gewidmet (sich körperlich ausdrücken/Bewegung gestalten; Sinneswahrnehmung verbessern/Bewegungserlebnis und Körpererfahrung erweitern). In Nordrhein-Westfalen und Schleswig-Holstein werden für die Jahrgangsstufen 5 bis 9 unter insgesamt neun Kompetenzerwartungen u. a. das Gestalten, Tanzen, Darstellen (Bewegungskünste), das Gleiten, Fahren, Rollen und das sich rhythmisch Bewegen genannt.

Koordinationsschulung im Grundlagentraining

Ein ähnliches Bild ergibt sich bei einem Blick in die *trainingswissenschaftliche Literatur* und die *Rahmentrainingskonzeptionen* der wichtigsten Sportfachverbände – und das nicht nur in Deutschland. Harre (1985, S. 190; vgl. Hirtz, 2007, S. 218) hat bereits in seinem Klassiker „Trainingslehre" festgestellt, dass „die koordinativen Fähigkeiten für die Herausbildung der Leistungen *aller* Sportler zentral sind". Diese Sichtweise zieht sich wie ein roter Faden bis hin zu den einflussreichsten neuen Standardwerken (vgl. z. B. Hohmann, Lames & Letzelter, 2010). Eine breite allgemeine koordinative Ausbildung wird vor allem in der Phase des Grundlagentrainings (englisch: sampling years) als unverzichtbar angesehen. Der Deutsche Fußballbund (2013) z. B. empfiehlt einen Anteil im Training der G-Junioren von 30% und bei den F- und E-Junioren von 15%. Im berühmten Nachwuchszentrum des FC Barcelona stehen im Alter von 8 bis 10 Jahren Übungen und Spiele zum Gleichgewicht, zur Orientierung und Schnelligkeitspräzision mit an vorderster Stelle.

Wirkungen der Koordinationsschulung: Fakt oder Mythos?

Warum aber wird einer frühzeitigen Schulung der koordinativen Fähigkeiten ein solches *Gewicht* beigemessen? Die generelle Antwort lautet: Mit der Steigerung dieser Kompetenzen sind viele Erwartungen, Hoffnungen und Wunschvorstellungen verbunden. Ob diese wirklich durchgängig erfüllt werden und die angenommenen Effekte tatsächlich zuverlässig eintreten, wird – nach kurzen begrifflichen Vorbemerkungen (1.2) – genauer zu beleuchten sein (1.3).

Koordinationsschulung: Ziele – Wozu?

Mit den nachfolgenden Ausführungen in den Abschnitten 1.4 bis 1.6 werden die drei großen W-Fragen des Unterrichtens und Trainierens thematisiert. Es geht um das *„Wozu?“*, das *„Was?“* und das *„Wie?“*, d. h. um die Ziele, Inhalte und Methoden des Koordinationstrainings. Hier wurden in den letzten Jahren deutliche Wissensfortschritte erzielt. Die verschiedenen Standpunkte haben sich angenähert. Das gilt vor allem für die *Zielstellungen,* also für die Grundsatzfrage, wie viele und welche koordinativen Einzelkomponenten voneinander abzugrenzen sind. Im Abschnitt 1.4 werden die so genannte „ostdeutsche“ und die „westdeutsche“ Systematik erläutert und auf der Basis eines erstmals präsentierten Strukturmodells vergleichend aufeinander bezogen.

Koordinationsschulung: Inhalte – Was?

Bei der Auswahl der *Inhalte* sind der Fantasie des Sportlehrers oder Trainers kaum Grenzen gesetzt. Auch die Spontaneität, die Ideen der Kinder und Jugendlichen können genutzt werden. In diesem Band erfolgt eine bewusste Schwerpunktsetzung auf *Übungsformen,* die das allgemeine Baumaterial für alle Programme zur Koordinationsschulung bilden (1.5). Dabei wird zwischen Einzel-, Partner- und Gruppenübungen unterschieden.

Koordinationsschulung: Methoden – Wie?

Das generelle *methodische* Vorgehen für die Koordinationsschulung ist dann schnell erzählt: Man wählt zunächst von den Kindern sicher beherrschte – sozusagen „überlernte“ – *elementare Bewegungsformen* und lässt diese unter jenen erschwerten Anforderungen ausführen, die in 1.4 unter der Bezeichnung „Koordinative Druckbedingungen“ eingeführt worden sind. Für den richtigen Umgang mit der Vorgabe „elementare (= einfache) Bewegungsformen“ ist zu beachten, dass die im

Kapitel 3 vorgestellten Übungen für Kinder und Jugendliche von der Primarstufe bis hin zum Abitur gedacht sind.

Den Abschluss des Kapitels 1 bilden Überlegungen zum Training mit *spezifischen Zielgruppen* und zur Messung koordinativer Leistungskomponenten. In 1.7 werden als Differenzierungskriterien zwischen Kindern bzw. Jugendlichen das *Alter,* das *Geschlecht* und das *sportliche (sportartbezogene) Können* herausgegriffen. Das sind wohl die wichtigsten (Gruppen-)Merkmale, die bei der Planung und Durchführung von Unterrichts- und Trainingseinheiten zu berücksichtigen sind. Weitere denkbare Personenfaktoren wie Körperbau oder krankheitsbedingte physische, soziale und kognitive Defizite diskutieren Roth und Roth (2009) im Handbuch „Motorische Entwicklung“.

Koordinationsschulung: Was und wie mit Wem?

Die *Diagnostik* von Koordinationsleistungen ist schwerer als man denkt. Anders als in den Bereichen Ausdauer und Kraft, in denen auf präzise sportmedizinische und biomechanische Verfahren zurückgegriffen werden kann, bleibt hier nur der Kunstgriff von beobachtbaren Bewegungsleistungen auf die nicht direkt beobachtbaren koordinativen Fähigkeitsausprägungen zu schließen. Der unumstrittene wissenschaftliche „Königsweg“ besteht in der Anwendung von *Sportmotorischen Tests* (SMT). Im Abschnitt 1.8 wird auf eine Vorstellung dieser – für die Praxis zu voraussetzungsreichen – Verfahren verzichtet. Stattdessen werden Beispiele für einfach handhabbare *koordinative Kontrollübungen* präsentiert. Deren Aussagekraft darf keineswegs unterschätzt werden. Ihre Ergebnisse können für die Bewertung der motorischen Entwicklung von Kindern und Jugendlichen sehr hilfreich sein.

Koordinationsdiagnostik: Wer kann Was?

Am Ende der theoretischen Vorbemerkungen ist die Basis für ein tieferes Verständnis des Praxisteils geschaffen. Ohne Hintergrundwissen würde der Übungssammlung im Kapitel 3 „nur“ die Funktion eines Kochbuches mit – allerdings sehr guten – Rezepten zukommen. Wem das genügt, der kann an dieser Stelle zum Kapitel 2 weiterblättern. Eine Empfehlung ist das nicht. Zumindest nicht für Sportstudierende, Sportlehrer und lizenzierte Übungsleiter.

Wer von der Theorie nichts versteht, ist noch lange kein guter Praktiker!

1.2 Begriffe und Definitionen

Der Begriff koordinative Fähigkeiten ist wohl mehr oder weniger allen Sportlehrern, Trainern und Übungsleitern geläufig. Das bedeutet allerdings nicht, dass jeder, der ihn verwendet, im Detail das Gleiche meint oder an das Gleiche denkt. Daher geht es in diesem Abschnitt zunächst

Terminologische Klärungen

um eine verbindliche und verständliche Definition. Damit sie gelingen kann, bedarf es der Erläuterung einiger Grundlagen aus der Bewegungswissenschaft. Die Erklärungskette verläuft über die Termini Motorik, motorische Fertigkeiten und motorische Fähigkeiten hin zu der angestrebten Begriffsbestimmung.

Motorik

Der Wortstamm des Substantivs *Motorik* – Motor – kommt aus dem Lateinischen und heißt Beweger. Unsere Motorik bewegt uns, so wie ein Motor ein Auto antreibt, so wie E*mot*ionen unsere Gefühle und *Mot*ive die Beweggründe für unser Verhalten steuern. In diesem Sinne wird die Motorik definiert als die:

Definition: Motorik

„Gesamtheit aller informationellen Steuerungs- und energetischen Funktionsprozesse, die unseren wahrnehmbaren Bewegungsausführungen zugrunde liegen" (Roth & Willimczik, 1999, S. 10).

Die Motorik beschreibt die *inneren* Vorgänge, die Bewegung das äußerlich sichtbare Geschehen.

Motorische Fertigkeiten und Fähigkeiten

Bereits ab der frühen Kindheit sind individuelle Besonderheiten bei der Bewältigung von Bewegungsaufgaben im Alltag und im Sport zu erkennen. In der Theorie und Praxis führen wir diese Differenzen auf Unterschiede in der Ausprägung interner motorischer Leistungsfaktoren zurück. Derartige Schlüsse vom äußeren Verhalten auf zugrunde liegende Personenmerkmale prägen auch unsere Urteile in anderen Lebenskontexten. Einem Menschen, der oft (beobachtbar) Angst zeigt, schreiben wir die (nicht-beobachtbare) Eigenschaft Ängstlichkeit zu, die wiederholte (beobachtbare) Lösung bestimmter mathematischer Problemstellungen bringen wir mit einem (nicht-beobachtbaren) abstrakten oder logischen Denkvermögen in Verbindung usw.

Im Bereich der Motorik hat es sich eingebürgert, die internen Personenmerkmale in zwei große Gruppen einzuteilen. Die erste umfasst die motorischen *Fertigkeiten*, die zweite die motorischen *Fähigkeiten.* Erzielt ein Kind A in Bewegungsaufgaben konstant bessere (beobachtbare) Ergebnisse als ein Kind B, dann ist dies – so wird angenommen –

Spiegelbild eines höheren Optimierungsgrades der internen motorischen Fertigkeiten und/oder Fähigkeiten.

Worin besteht nun der Unterschied zwischen Fertigkeiten und Fähigkeiten? Bei motorischen *Fertigkeiten* handelt es sich um *spezifische* Leistungsvoraussetzungen. Sie charakterisieren das „Niveau von Steuerungs- und Funktionsprozessen, die *nur* für die Ausführung einer einzelnen sportlichen Technik benötigt werden" (Roth, 1999, S. 232). Fertigkeiten, z. B. das Fangen, das Brustschwimmen oder die Oberarmkippe, gelten als erlernt, wenn das Niveau der spezifischen Steuerungs- und Funktionsprozesse die erstmalige Realisierung der Bewegungstechnik zulässt. Danach kann ihre Qualität durch Übungen zum Überlernen, zur Automatisierung sowie zur Variation und Stabilisierung weiter verbessert werden.

Fertigkeiten = *spezifische* Leistungsvoraussetzungen

Motorische *Fähigkeiten* sind dagegen *allgemeine* Kompetenzen, die das „Niveau von Steuerungs- und Funktionsprozessen beschreiben, die *nicht nur* für einzelne, sondern für verschiedene motorische Aufgabenlösungen von Bedeutung sind" (Roth, 1999, S. 233). Ein bekanntes Beispiel ist die aerobe Ausdauer. Eine hohe Ausprägung dieser Fähigkeit lässt sich in ganz unterschiedlichen sportlichen Situationen nutzen, etwa beim Schwimmen, Laufen, Rudern oder in den Sportspielen. Fähigkeiten werden anders als Fertigkeiten nicht gelernt. Ihr Niveau steigert sich in der Regel durch biologische Anpassungsvorgänge (Muskelwachstum, Zunahme des Sauerstoffaufnahmevermögens usw.).

Fähigkeiten = *übergreifende* Leistungsvoraussetzungen

Diese fertigkeits- und fähigkeitsbezogenen Argumentationen bilden eine wesentliche Grundlage für die Diskussion über die Ziele, Inhalte und Methoden des sportlichen Trainings – auch im Kindes- und Jugendalter. Wir schulen motorische Fertigkeiten und Fähigkeiten, wir vergleichen Kinder hinsichtlich ihrer Ausprägung (interindividuell) und wir bewerten die Leistungsentwicklung der Heranwachsenden an Veränderungen in diesen motorischen Kompetenzen (intraindividuell).

Koordinative Fähigkeiten

Nach der Begriffsbestimmung „Motorik" sind für Bewegungsausführungen einerseits interne Steuerungs- und Regelungsprozesse sowie andererseits Funktionsprozesse erforderlich. Dieser Zweiteilung in *Information* und *Energie* entspricht auf der Ebene der Motorikmerkmale die Gegenüberstellung von koordinativen und konditionellen Fähigkeiten. Die koordinativen Fähigkeiten kennzeichnen somit

Definition: koordinative Fähigkeiten

„den *fertigkeitsübergreifenden* Ausprägungsgrad bzw. das Niveau der Systeme der Informationsverarbeitung und damit der zentralnervösen Bewegungssteuerung und -regelung“ (Roth, 1999, S. 243).

„Big Five“ der Allgemeinmotorik

Die Koordination wird heute als eine von fünf allgemeinen motorischen Basisfähigkeiten angesehen. Hinzu kommen mit der Ausdauer und Kraft zwei konditionelle und mit der Schnelligkeit und Beweglichkeit zwei gemischt koordinativ-konditionelle Fähigkeiten.

1.3 Wirkungen des Koordinationstrainings – Fakten oder Mythen

Eine Zusammenfassung der Aussagen zur Bedeutung der koordinativen Fähigkeiten kann zuweilen den Eindruck erwecken, dass sie so etwas wie eine „motorische Allzweckwaffe“ darstellen. Einschätzungen dieser Art kommen seit Mitte der 1980er Jahre vor allem aus den Arbeitsgruppen der „Greifswalder Bernsteinianer“ (Schulsport) und der Leipziger Koordinationsforscher (Nachwuchsleistungssport). In Anlehnung an Hirtz (2003, 2007, S. 215 ff.) lassen sich die Werte der Koordinationsschulung für „die allgemeine Lebensbefähigung und Gesundheit“ wie folgt zusammenfassen:

Motorische Intelligenz

- Die koordinativen Fähigkeiten (KF) korrespondieren mit dem Vermögen Bewegungen schnell und gut zu erlernen, zielgerichtet und präzise zu kontrollieren sowie vielfältig und situationsangemessen zu variieren. KF → *motorische Intelligenz.*

Risikokompetenzen

- KF sichern eine erfolgreiche Bewältigung motorischer Arbeits- und Alltagsanforderungen. Unfall- und Gefahrensituationen werden schneller erkannt und besser bewältigt. Die Stand- wie auch die Trittsicherheit verbessern sich. KF → *Risikokompetenzen.*

Bewegungsökonomie

- KF gewährleisten aufgabengemäße Krafteinsätze und eine optimale Ausschöpfung des energetischen Potenzials. Funktionelle Fehlbelastungen werden abgeschwächt oder sogar verhindert. KF → *Bewegungsökonomie.*

Psychisches Wohlbefinden

- KF erzeugen ästhetische Gefühle und Freude. KF → *subjektives psychisches Wohlbefinden.*

Exekutive Funktionen

- KF fördern schulische Lernleistungen. KF → *exekutive Funktionen.*

Der empirische Bewährungsgrad dieser Annahmen ist aktuell schwer beurteilbar und kann unterschiedlich interpretiert werden. Es liegen nur wenige und zum Teil widersprüchliche Befunde vor. Das in Tabelle 1 gekennzeichnete „Stimmungsbild“ gibt daher allenfalls vorläufige Resultatstendenzen wieder.

Tab. 1: Koordinationstraining: Fakt oder Mythos?

Koordinationstraining fördert	++ + 0 – ––
… fertigkeitsübergreifend Steuerungs- und Regelungsprozesse	⇔
… die motorische Intelligenz	⇔
… Risikokompetenzen (Unfall/Verletzungen)	???
… die Bewegungsökonomie	???
… das psychisches Wohlbefinden	???
… die schulischen Lernleistungen (die exekutiven Funktionen)	⇔

Vielleicht erscheint manchem die erste Zeile in Tabelle 1 überflüssig, ist sie aber definitiv nicht. Dort „steckt“ sogar die grundlegendste Erwartung zu den Effekten eines allgemeinen Koordinationstrainings. Nachzuweisen ist nämlich nicht mehr und nicht weniger als die Vermutung, dass durch geeignete Übungen tatsächlich das Niveau von Steuerungs- und Regelungsprozessen *fertigkeitsübergreifend* verbessert werden kann. Hirtz (2007, S. 217) zieht aus den zahlreichen Studien seiner Greifswalder Forschungsgruppe in dieser Hinsicht ein positives Fazit. Die Teilnehmerinnen an einem dreijährigen Schulsport-Experiment z. B. haben nicht nur ihre Gleichgewichtsleistungen aufgabenunabhängig gegenüber gleichaltrigen Mädchen gesteigert, sondern halten dieses erhöhte Niveau ohne weiterführende Interventionsmaßnahmen bis zum 16. Lebensjahr. Ähnliche Wirkungen wurden auch für andere koordinative Fähigkeiten nachgewiesen. Bei Turnern hat sich etwa gezeigt, dass schon ein 20-stündiges Koordinationstraining eine Erhöhung des Ausprägungsgrades verschiedener Fähigkeiten von durchschnittlich 27% zur Folge hat. Grundsätzliche Zweifel an dieser Einschätzung des Erfolgs genereller Übungsformen werden kaum geäußert. Allerdings weisen z. B. Olivier (1997) und Roth (2013) dar-

JA: Koordinationsschulung verbessert allgemeine Fähigkeiten!

auf hin, dass der Allgemeinheitsgrad der koordinativen Fähigkeiten zuweilen möglicherweise doch überschätzt wird.

JEIN: Koordinationsschulung verbessert die motorische Intelligenz!

Die Gleichsetzung der koordinativen Fähigkeiten mit der *motorischen Intelligenz* wird weniger eindeutig befürwortet. Hirtz (2007, S. 216) referiert wiederum bestätigende Befunde. In einem Trainingsexperiment im Gerätturnen ist motorischen Lernprozessen ein Koordinationstraining vorangestellt worden. Turner mit hohem Fähigkeitsniveau erbrachten bessere Leistungen. Dieses Resultat wurde in einer Untersuchung mit Handballspielern bestätigt (vgl. Zimmermann & Nicklisch, 1981). Auch bei Schülern einer 4. Klasse bewirkte eine allgemeine koordinative Ausbildung eine Beschleunigung der motorischen Aneignungsvorgänge im Vergleich zu gleichaltrigen Kontrollschülern. Die intensive und vielseitige koordinative Schulung führte zu einer erheblichen Verkürzung der Lernzeiten (vgl. Wellnitz & Hirtz, 1983). Hirtz (2007, S. 216–217) schlussfolgert, dass von einem „gewissen Transfereffekt von allgemeinen koordinativen Fähigkeiten auf den Erwerb spezieller sportmotorischer Fertigkeiten ausgegangen werden kann“. Auf der anderen Seite lassen Studien von Willimczik (1986), Joch, Hasenberg und Auerbach (1990), Joch und Hasenberg (1991) sowie Wollny (2002) einige Zweifel aufkommen. Sie fanden zwar durchgängig leicht positive Korrelationen zwischen dem koordinativen Fähigkeitsniveau und Lern-/Optimierungsleistungen, bedeutsamer waren aber z. B. Merkmale der individuellen Bewegungsbiografie.

???: Risikokompetenzen Bewegungsökonomie psychisches Wohlbefinden

Für die positiven Effekte aus den Zeilen 3 bis 5 der Tabelle 1 liegen bisher vorwiegend theoretische Argumentationen vor. Diese erscheinen plausibel, eine zukünftige empirische Prüfung wäre jedoch möglich und wünschenswert. Demgegenüber hat sich zu dem Thema Bewegungsförderung und *schulische Lernleistungen* (Zeile 6) ein wahrer Forschungsboom entwickelt. Analysiert wurden in der Regel „gemischte“ sportliche Zusatzangebote, bei denen allerdings Koordinations- und Ausdauerübungen eine große Rolle spielen bzw. gespielt haben. Die Resultate sind einigermaßen überraschend. „Toben“ und vielseitige koordinative Anreize machen nicht schlau im Sinne von intelligent. Aber: Toben verbessert die so genannten *exekutiven Funktionen.*

JA: Koordinationsschulung verbessert die exekutiven Funktionen!

Damit sind lernförderliche Rahmenkompetenzen gemeint, wie das *Arbeitsgedächtnis* (Fähigkeit, Informationen kurzzeitig zu speichern und mit ihnen zu arbeiten), die *Inhibition* (Fähigkeit spontane Impulse zu unterdrücken, Aufmerksamkeit zu lenken) und die *kognitive Flexibilität* (Entscheidungsfähigkeit, Einstellen auf neue Situationen). Diesen positiven Einfluss bestätigen inzwischen mehr als 200 internationale Untersuchungen (vgl. zusammenfassend Berwid & Halperin,

2012; Diamond, 2013, S. 154–156). Das Erziehungsministerium in Kalifornien z. B. hat fast eine Million Schulkinder getestet und festgestellt, dass fitte Kinder in der Schule erfolgreicher sind. Wie wichtig die exekutiven Funktionen für unseren Erfolg im Leben sein können, zeigt die folgende „Gedankenkette“: Toben verbessert die exekutiven Funktionen, diese (speziell das Arbeitsgedächtnis) ermöglichen im Kindergartenalter eine bessere Vorhersage der schulischen Leistungen als der IQ (Blair & Razza, 2007; Duckworth & Seligman, 2005) und schulische Leistungen im Alter von acht Jahren lassen einen ziemlich zuverlässigen Schluss auf den Berufserfolg (Wohlstand) und den Gesundheitsstatus im Erwachsenenalter zu (Kantomaa u. a., 2013; n = 8.061).

Zusammengenommen scheint also der Optimismus, der mit einer allgemeinen Koordinationsschulung in der Schule und im Sportverein verknüpft wird, durchaus eine gewisse Berechtigung zu haben. Etwas mutig ausgedrückt könnte man sagen: Die Bewegungskoordination lässt sich fertigkeitsübergreifend schulen, die koordinativen Kompetenzen beeinflussen motorische und kognitive Lernleistungen moderat positiv und Kinder und Jugendliche mit einem hohen Fähigkeitsniveau verhalten sich in Gefahren- und Risikosituationen angemessener.

1.4 Ziele – die Frage nach dem „Wozu!“

Die Suche nach einer eindeutigen, allgemein anerkannten Systematik für die koordinativen Fähigkeiten ist bis in die 1990er Jahre hinein weitgehend vergeblich geblieben. Klar war im Prinzip eigentlich nur, dass im Koordinationstraining die koordinativen Fähigkeiten verbessert werden sollen. Keines der veröffentlichten Strukturmodelle konnte sich richtig durchsetzen. Begriffliche Vereinheitlichungen waren lange Zeit nicht in Sicht.

In Tabelle 2 sind einige Beispiele für die Bezeichnung koordinativer Fähigkeiten aus der Literatur zwischen 1970 und 1990 dargestellt (vgl. Roth, 1982; Bös & Mechling, 1983; Hirtz, 1988). Die Liste könnte problemlos um das Doppelte oder Dreifache erweitert werden.

Heute: Nur noch zwei deutsche Systematiken!

Während der beiden letzten Dekaden haben sich die Uneinheitlichkeiten im deutschsprachigen Raum reduziert. Zur Anwendung kommen – von wenigen Ausnahmen abgesehen – lediglich noch zwei Fähigkeitssystematiken. Das erste – quasi *ostdeutsche* – Modell stammt von Blume (1978) und Hirtz (1988; vgl. auch die Arbeitsgruppe Leipziger

Tab 2: Zur Begriffsvielfalt im Bereich der koordinativen Fähigkeiten

Adaptationsfähigkeit	Motorische Lernfähigkeit
Anpassungsvermögen	Auge-Hand-Koordination
Motorische Speicherungsfähigkeit	Antizipationsfähigkeit
Motorische Vorstellungsfähigkeit	Balancefähigkeit
Muskelentspannungsfähigkeit	Raumgefühl
Orientierungsvermögen	Beweglichkeit
Dynamische Flexibilität	Geschicklichkeit
Reaktionsvermögen	Regelungsfähigkeit
Motorische Elastizität	Gewandtheit
Gleichgewichtsvermögen	Regulationsfähigkeit
Rhythmisierungsfähigkeit	Steuerungsvermögen
Kombinationsvermögen	Umstellungsfähigkeit

Früher: Fast jeder hatte seine eigene Systematik!

Koordinationsforscher & Hirtz, 2007), das zweite – *westdeutsche* – von Roth (1982) sowie Neumaier und Mechling (1995). Beide Begriffsschemata werden im Folgenden vorgestellt. Auf ihrer Grundlage wird dann für den Praxisteil dieses Bandes eine neue, etwas veränderte Strukturierung der Ziele, also der koordinativen Einzelfähigkeiten, vorgeschlagen (Roth, 2013).

Modell von Blume (1978) und Hirtz (1988)

Blume (1978) hat die allgemeinen Steuerungs- und Regelungsanforderungen im Sport aus dem Blickwinkel der Unterrichts- und Trainingspraxis analysiert. Dabei betrachtete er die *Anforderungsprofile* der Disziplinen Gerätturnen, Schwimmen, Boxen und Fußball. Im Ergebnis unterscheidet Blume zwischen sieben fundamentalen koordinativen Fähigkeiten: *Reaktions-, Rhythmus-, Gleichgewichts-, Orientierungs-, Differenzierungs-, Kopplungs-* und *Umstellungsfähigkeit.*

Hirtz (1988) kommt das Verdienst der theoretischen und empirischen Überprüfung der praktischen Überlegungen von Blume zu. Er misst die Fähigkeitskomponenten an den schulischen Sportlehrplänen sowie an Kenntnissen über die *psychischen* und *neurophysiologischen* Mechanismen der Bewegungskoordination. Zudem hat er umfangreiche empirische Studien vorgelegt. Seine Befunde führen ihn dazu, das

Tab. 3: Definitionen der koordinativen Einzelfähigkeiten nach Blume (1978; Fähigkeiten 1 bis 7) und Hirtz (1988; 1 bis 5)

Koordinative Fähigkeit	(Vereinfachte) Definition
(Komplexe) Reaktionsfähigkeit	… ist das Vermögen zur schnellen Einleitung und Ausführung kurzzeitiger, ganzkörperlicher motorischer Aktionen auf mehr oder weniger komplizierte Signale.
Rhythmisierungsfähigkeit Rhythmusfähigkeit	… ist das Vermögen, einen von außen vorgegebenen oder im Bewegungsablauf enthaltenen Rhythmus (zeitlich-dynamische Gliederung) zu erfassen und motorisch genau zu reproduzieren.
Gleichgewichtsfähigkeit	… ist das Vermögen, den Körper im Gleichgewichtszustand zu halten oder während und nach umfangreichen Körperverlagerungen diesen Zustand beizubehalten bzw. wieder herzustellen.
(Räumliche) Orientierungsfähigkeit	… ist das Vermögen zur Bestimmung und zieladäquaten (genauen) Veränderungen der Lage und Bewegung des Körpers als Ganzes in Raum und Zeit, bezogen auf ein definiertes Aktionsfeld (z. B. Spielfeld, Boxring, Turngeräte) und/oder ein sich bewegendes Objekt (z. B. Ball, Gegner, Partner).
Kinästhetische (motorische) Differenzierungsfähigkeit	… ist das Vermögen zur differenzierten und präzisierten Feinabstimmung einzelner Bewegungsphasen und Teilkörperbewegungen, das in großer Bewegungsgenauigkeit und Bewegungsökonomie zum Ausdruck kommt.
Kopplungsfähigkeit	… ist das Vermögen, Teilkörperbewegungen (beispielsweise Teilbewegungen der Extremitäten, des Rumpfs und des Kopfs) untereinander und in Beziehung zu der auf ein bestimmtes Handlungsziel gerichteten Gesamtkörperbewegung räumlich, zeitlich und dynamisch genau aufeinander abzustimmen.
Umstellungsfähigkeit	… ist das Vermögen während des Handlungsvollzugs auf der Grundlage wahrgenommener oder vorauszusehender Situationsveränderungen (u. a. durch Gegner, Mitspieler, Ball, äußere Einflüsse) das Handlungsprogramm schnell und genau anzupassen bzw. zu verändern und motorisch umzusetzen.

Die ostdeutsche Systematik!

Strukturmodell von Blume auf fünf Basisfähigkeiten einzugrenzen. Diese entsprechen „der didaktisch-methodischen Forderung nach einer Differenzierung in nur wenige, überschaubare Leistungskomponenten“ (Hirtz, 2007, S. 220).

Modell von Roth (1982) und Neumaier und Mechling (1995)

Die westdeutsche Systematik!

Im Jahr 1982 hat Roth die Idee der *Aufgabenorientierung* in die bewegungswissenschaftliche Diskussion zur Strukturierung der koordinativen Fähigkeiten eingebracht. Er verwendete erstmals den Begriff *Druckbedingungen* zur Kennzeichnung typischer allgemeiner Anforderungen an Steuerungs- und Regelungsprozesse im Sport. Seine theoretischen Überlegungen und Untersuchungen mit mehr als 650 Kindern führten zu einem eindeutigen Resultat. Auf der obersten Ebene lassen sich die koordinativen Kompetenzen in zwei Kategorien einteilen: in

Tab. 4: Definitionen der koordinativen Einzelfähigkeiten nach Roth (1982; Fähigkeiten 1, 2 und 5) und Neumaier und Mechling (1995; Aufgabenklassen 1 bis 6)

Zeitdruck	= Koordinative Aufgabenstellungen, bei denen es auf Zeitminimierung bzw. Geschwindigkeitsmaximierung ankommt.
Präzisionsdruck	= Koordinative Aufgabenstellungen, bei denen es auf höchstmögliche Genauigkeit ankommt.
Komplexitätsdruck	= Koordinative Aufgabenstellungen, bei denen es auf eine Bewältigung vieler hintereinander geschalteter (sukzessiver) Anforderungen ankommt.
Organisationsdruck	= Koordinative Aufgabenstellungen, bei denen es auf eine Bewältigung vieler gleichzeitiger (simultaner) Anforderungen ankommt.
Variabilitätsdruck	= Koordinative Aufgabenstellungen, bei denen es auf die Bewältigung von Anforderungen unter wechselnden Umgebungs-/Situationsbedingungen ankommt.
Belastungsdruck	= Koordinative Aufgabenstellungen, bei denen es auf die Bewältigung von Anforderungen unter physisch-konditionellen oder psychischen Beanspruchungsbedingungen ankommt.

die Fähigkeit zur *Koordination unter Zeitdruck* und die *Fähigkeit zur Koordination unter Präzisionsdruck.* Weitere sportartübergreifende Druckbedingungen sind nach Roth dieser Unterscheidung unterzuordnen. So fand er auf einer zweiten Stufe eine entsprechende Differenzierung für den Variabilitätsdruck. Er grenzt die Fähigkeit zur schnellen Anpassung und Umstellung von der Fähigkeit zur genauen Anpassung und Umstellung ab.

Neumaier und Mechling (1995) haben den Ansatz aufgegriffen und um drei Komponenten erweitert: den *Komplexitäts-, Organisations-* und *Belastungsdruck.* Diese inhaltlichen Ergänzungen waren allerdings nicht „kostenfrei" zu haben. Der „Preis" resultiert daraus, dass für die hinzugekommenen Druckbedingungen keine empirischen Nachweise vorliegen. Neumaier und Mechling empfehlen daher, vorerst von der (zu) anspruchsvollen fähigkeitsorientierten Sichtweise abzukehren. Sie bleiben bescheidener und sprechen nicht von Fähigkeiten zur Koordination unter Komplexitätsdruck, Organisationsdruck usw., sondern „nur" von generellen Komplexitätsanforderungen, Organisationsanforderungen usw. im Sport. Das ist ein kleiner aber feiner Unterschied. Es ist nämlich nicht erlaubt, von Anforderungsklassen „einfach 1:1" auf zugrunde liegende Fähigkeiten zu schließen. Vielmehr sind solche Schlüsse ausdrücklich an theoretische und empirische Absicherungen gebunden.

Die von Neumaier und Mechling ergänzte „westdeutsche" Systematik umfasst somit – sprachlich präzise ausgedrückt – statt Fähigkeiten *sechs sportartübergreifende, koordinative Aufgabenstellungen.*

Modell von Roth (2013)

Die Einordnung der Übungen im Kapitel 3 folgt nicht direkt den beiden oder einer der beiden aktuell dominierenden Systematiken. Es wird stattdessen eine Strukturierung von Roth (2013) aufgegriffen, mit dem das Anforderungsmodell von Neumaier und Mechling modifiziert und zum Teil „zurückkorrigiert" wird. Das betrifft drei Aspekte:

Zurück in die Zukunft: Die neue westdeutsche Systematik!

1. Der Hierarchiegedanke von Roth (1982) wird wieder eingeführt.
2. Die Fähigkeit zur Koordination unter Zeitdruck und die Fähigkeit zur Koordination unter Präzisionsdruck werden wieder als Fähigkeiten interpretiert.
3. Der Belastungsdruck bleibt für ein allgemeines Koordinationstraining mit Kindern und Jugendlichen unberücksichtigt.

Die Tabelle 5 illustriert die sich ergebenden Veränderungen. Die zentralen Ziele des Koordinationstrainings sind auf die beiden Basisfähigkeiten ausgerichtet, Bewegungen schnell und genau ausführen zu können. Dies wird isoliert geschult, darüber hinaus kombiniert mit den Anforderungssituationen Komplexitäts-, Organisations- und Variabilitätsdruck. Aufaddiert besteht das Strukturmodell damit aus acht koordinativen Fähigkeiten/Aufgabenklassen.

Tab. 5: Koordinative Fähigkeiten (blau)/Aufgabenklassen nach Roth (2013)

	Zeitdruck	Präzisionsdruck
Zeitdruck	Fähigkeit zur Koordination unter Zeitdruck	
Präzisionsdruck		Fähigkeit zur Koordination unter Präzisionsdruck
Komplexitätsdruck	Komplexitäts-anforderungen unter Zeitdruck	Komplexitäts-anforderungen unter Präzisionsdruck
Organisationsdruck	Organisations-anforderungen unter Zeitdruck	Organisations-anforderungen unter Präzisionsdruck
Variabilitätsdruck	Variabilitäts-anforderungen unter Zeitdruck	Variabilitäts-anforderungen unter Präzisionsdruck

Zurück in die Zukunft: Die neue westdeutsche Systematik!

Natürlich lassen sich mit einzelnen Trainingsformen mehrere Zielstellungen zugleich verfolgen. Das ist keineswegs eine seltene Ausnahme und betrifft etwa ein Viertel der Übungen aus Kapitel 3.

Ein deutsches Vereinigungs-modell!

Auch die „ostdeutsche" Systematik kann mit dem Modell von Roth (2013) in Verbindung gebracht werden. Die Zuordnungen sind in Tabelle 6 zusammengefasst. Sie mögen nicht immer ganz eindeutig sein, zeigen aber, dass bei Blume und Hirtz der Schwerpunkt eindeutig auf die Kategorie *Präzisionsdruck* gelegt wird. Das im Praxisteil dieses Bands verwendete Modell ermöglicht im Vergleich wohl insgesamt einen breiteren Blick auf die Ziele eines allgemeinen, umfassenden Koordinationstrainings für Kinder und Jugendliche.

Tab. 6: Vereinigungsmodell für die beiden Systematiken

	Zeitdruck	Präzisionsdruck
Reaktions-fähigkeit	Fähigkeit zur Koordination unter Zeitdruck	
Rhythmus-fähigkeit		Fähigkeit zur Koordination unter Präzisionsdruck
Gleichgewichts-fähigkeit		Fähigkeit zur Koordination unter Präzisionsdruck
Orientierungs-fähigkeit		Fähigkeit zur Koordination unter Präzisionsdruck (perzeptiv)
Differen-zierungs-fähigkeit		Komplexitäts- und Organisationsanforderungen unter Präzisionsdruck
Kopplungs-fähigkeit		Komplexitäts- und Organisationsanforderungen unter Präzisionsdruck
Umstellungs-fähigkeit	Variabilitätsanforderungen unter Zeit- und Präzisionsdruck	

1.5 Inhalte – die Frage nach dem „Was!“

Die Frage nach den Inhalten kann vergleichsweise kurz beantwortet werden. Zur Koordinationsschulung lassen sich u. a. Einzel-, Partner-, Gruppenübungen, Parcours, Hindernisläufe, Wettkämpfe, Zirkel oder (Lauf-)Spiele heranziehen. Im Praxisteil werden ausschließlich *Koordinationsübungen* in den Blick genommen. Sie bilden quasi die Grundbausteine und sind Ideengeber für die meisten anderen genannten Trainingsinhalte.

Üben macht den Koordinationsmeister!

Hinzuweisen ist allerdings ausdrücklich auch auf die herausragende Bedeutung von *Spielformen* für das Koordinationstraining. Sie sind besonders deshalb geeignet, weil sie neben Zeitdruckbedingungen und Genauigkeitsanforderungen stets situative Überraschungsmomente (Variabilitätsdruck) beinhalten.

… Spielen auch!

Generell gilt: Die Schulung der koordinativen Fähigkeiten muss spannend, abwechslungsreich sein und dabei Spaß bereiten. Dem entsprechen drei miteinander einhergehende Leitsätze: die Prinzipien der Neuartigkeit, der Vielseitigkeit und der Freudbetontheit.

Prinzip der Neuartigkeit = ungewöhnliche Bewegungsaufgaben!

Die Prinzipien der *Neuartigkeit* und *Vielseitigkeit* stehen in enger Verwandtschaft zueinander. Kinder befinden sich nicht nur generell, sondern auch im Bereich der Motorik im klassischen Fragealter. Die Neu-Gier auf das Unbekannte, das intuitive Handeln und die Spontaneität sind typische Markenzeichen für die Altersphase. Daraus folgt für die Darbietung von Koordinationsübungen, dass mit ihnen zuweilen der „übliche Rahmen" verlassen werden sollte und die Kinder mit ungewöhnlichen Bewegungsaufgaben zu konfrontieren sind. Mehr als in jedem anderen Lebensabschnitt fördern derartige breite motorische Erfahrungssammlungen die aktuelle und langfristige Motivation zum Sporttreiben.

Prinzip der Vielseitigkeit = Variation ist Trumpf!

Die Neuartigkeit und Vielseitigkeit als Leitsätze des Koordinationstrainings können vor allem mit Übungen verwirklicht werden, bei denen

- Die Bedingungen der *Informationsaufnahme* verändert werden (z. B. eingeschränkte optische Kontrolle).
- Verschiedene Körperteile einzusetzen sind (z. B. linker Arm, rechter Arm).
- Die *Bewegungsparameter* ständig variiert werden (z. B. Bewegungsgeschwindigkeit, Bewegungsamplitude, Krafteinsätze).
- Die *situativen* Faktoren schnell und unvorhergesehen wechseln (z. B. in Partner- oder Gruppenaufgaben).
- *Zusatzaufgaben* gelöst werden müssen (z. B. perzeptive, kognitive Beanspruchungen).
- Ganz viele unterschiedliche Sportgeräte zur Anwendung kommen (z. B. verschiedene Bälle, Schläger).
- *Alltagsmaterialien* verwendet werden, denn gewöhnliche Gegenstände des täglichen Lebens sind zumeist ungewöhnliche Sportgeräte (z. B. Becher, Luftballons, Teppichfliesen, Bierdeckel, Papprollen, Bananenkartons).

Prinzip der Freudbetontheit = Dopamindusche!

Auch das Prinzip der *Freudbetontheit* hat etwas mit Neuartigkeit und Vielseitigkeit zu tun. Warum? Unbekannte und variierende Aufgaben erhöhen die Wahrscheinlichkeit, dass Kinder bzw. Jugendliche *unerwartete Erfolgserlebnisse* haben. Die Koordinationsübungen werden nicht selten erstmals und überraschend gelöst. Wenn nach einer Handlung das Resultat besser ausfällt als man das erwartet hat, führt das nach heutigen Kenntnissen zur Ausschüttung eines Botenstoffs in unserem Gehirn: Er heißt Dopamin. Dopamin verursacht Glücksgefühle und fördert (motorische) Lern-/Optimierungsprozesse. Das clevere Belohnungssystem Dopamin macht dann den Kindern Lust auf mehr. Die entscheidende Zauberformel lautet: *Koordinationstraining mit erlebten Erfolgen → Dopamin → Freude → Motivation zum Weiterüben!* (Beck, 2013a, b). Das klappt besonders gut bei Kindern und Jugendlichen, weil sie mehr Dopaminrezeptoren haben als Erwachsene.

1.6 Methoden – die Frage nach dem „Wie!"

Methodische Grundformel

Die beiden wichtigsten Prinzipien, die ein Sportlehrer oder Trainer bei der Schulung von allgemeinen koordinativen Leistungsvoraussetzungen kennen sollte, folgen einer einfachen Logik. Sie haben mit der Unterscheidung zwischen motorischen Fähigkeiten und Fertigkeiten zu tun. Beim Fähigkeitstraining – so lautet der *erste Grundsatz* – müssen die Fähigkeitsanforderungen wirklich bis an die Könnensgrenzen der Kinder und Jugendlichen heranreichen. Dafür sind – und das ist der *zweite Grundsatz* – im Gegenzug die Fertigkeitsanforderungen gering zu halten. Kein Sportlehrer oder Übungsleiter käme ernsthaft auf die Idee anders vorzugehen. Bei einer gezielten Ausdauerschulung z. B. wird immer auf sicher beherrschte Bewegungsformen wie Laufen, Fahrradfahren oder Brustschwimmen zurückgegriffen. Gleiches gilt auch für das Kraft-, Schnelligkeits-, Beweglichkeits- und eben auch für das Koordinationstraining.

Die Vermittlungsformeln folgen einfachen, logischen Überlegungen

Damit liegen die methodischen Grundformeln für das *Training der generellen koordinativen* und *konditionellen Fähigkeiten* auf der Hand (vgl. Roth, 1987, S. 30):

Koordinationstraining = einfache motorische Fertigkeiten + informationell-koordinative Druckbedingungen

Konditionstraining = einfache motorische Fertigkeiten + energetische Druckbedingungen

Die entscheidenden „Zutaten" der Koordinationsschulung sind also von den Schülern jeweils stabil beherrschte motorische Fertigkeiten, die nach den Prinzipien der Neuartigkeit, Vielseitigkeit und Freudbetontheit – informationell-variabel – mit den in Tabelle 5 aufgeführten Druckbedingungen „gewürzt" werden.

„Umgedrehte Logik!"

Übrigens: Beim *Erlernen neuer sportmotorischer Fertigkeiten* dreht sich die Vermittlungslogik geradezu um. Wenn ein Anfänger die für ihn zu schwierigen technikspezifischen Steuerungs- und Funktionsprozesse nicht auf Anhieb umsetzen kann, muss man systematisch Vereinfachungsstrategien einsetzen. In diesem Fall sind die allgemeinen Fähigkeitsanforderungen gering zu halten. Die Grundgleichung lautet jetzt:

Fertigkeitsneulernen = schwierige Fertigkeiten +
vereinfachte informationell-koordinative Anforderungen +
vereinfachte energetische Anforderungen

Die praktische Beispielliste für die Anwendung dieser Gleichung ist lang (vgl. zusammenfassend Roth, 2005). So können zu Beginn der Aneignung einer Fertigkeit die konditionellen Beanspruchungen z. B. durch die Verwendung von Sprunghilfen oder durch leichtere Sportgeräte reduziert werden. Es wird häufig unter konstanten Bedingungen geübt (Verringerung der informationellen Belastung) und es sind beispielsweise nur Teile der Fertigkeit mit geringeren Präzisionsgraden (größere Unterstützungsflächen, Erhöhung der Fehlertoleranzen) auszuführen (Vereinfachung der allgemeinen koordinativen Anforderungen).

Koordinationstraining und motorisches Lernen

Vor dem Hintergrund dieser Vermittlungsformeln ist es prinzipiell nicht möglich, in einer einzelnen Übung das Koordinationstraining mit dem Neulernen von Fertigkeiten zu verbinden. Anders ist das bei der Fertigkeitsoptimierung. Beim Überlernen, der Automatisierung, Stabilisierung und Variation lassen sich die Bewegungsformen mit (moderaten) koordinativen oder konditionellen Zusatzbelastungen verknüpfen. Damit können gleichzeitig fähigkeits- und fertigkeitsbezogene Leistungsverbesserungen erreicht werden.

Elementare motorische Fertigkeiten

Der zweite Summand der methodischen Grundgleichung ist im Zusammenhang mit den Zielen der Koordinationsschulung (1.4) bereits beschrieben worden. Hier können acht fähigkeitsbezogene/anforderungsorientierte Druckbedingungen und (theoretisch) 28 Zweierkombinationen und mehr als 50 Mehrfachkombinationen in die Formel „eingelesen" werden.

Was aber hat man sich unter dem ersten Summanden „einfache motorische Fertigkeiten" vorzustellen? Die Antwort ist nicht so klar und eindeutig wie man vermuten könnte. Der Begriff *„einfach"* ist – wie fast immer – relativ zu sehen. Ganz allgemein kann eigentlich nur gesagt werden, dass für die Koordinationsschulung all jene Fertigkeiten einsetzbar sind, die von den jeweiligen Übenden bereits sicher ausgeführt werden können. Damit stellt sich die konkrete Frage nach dem fertigkeitsbezogenen Leistungsniveau von Kindern und Jugendlichen. Sucht man nach motorischen Elementarformen, die über die gesamte Spanne der Schulzeit hinweg für das Training der koordinativen Fähigkeiten/Anforderungsbewältigungen verwendbar sind, dann erscheint es sinnvoll, sich an dem Entwicklungsstand von Grundschulkindern zu orientieren. In diesem Zeitraum erweitert sich das Fertigkeitsrepertoire der Kinder enorm. Das korrespondiert mit der Reduktion kontralateraler Mitbewegungen der Körperextremitäten, mit dem Nachlassen der Hypertonie der Skelettmuskulatur (vgl. Winter & Hartmann, 2007, S. 251–252), mit der Verschiebung des Körperschwerpunktes nach oben (erster Gestaltwandel) sowie mit einer Abnahme der Variabilitäten in den kinematischen Ausführungsparametern.

„Einfachheit ist das Resultat der (individuellen) Reife" (Friedrich von Schiller, 1759–1805)

Charakteristisch ist, dass „normal" entwickelte Kinder zu Beginn der Grundschulzeit alle wesentlichen *fundamental movement skills* wie Laufen, Ziehen, Schieben, Rollen, Hüpfen, Springen (Burton & Miller, 1998, S. 56) erlernt und weitgehend optimiert haben. Einfache Bewegungen dieser Art werden oft auch als *phylogenetische Fertigkeiten* bezeichnet. Phylogenese heißt übersetzt „Stammesgeschichte". Die Menschheit als „Stamm" hat sich in der Evolution diese Elementarformen angeeignet. Sie gehören überall auf der Welt in diesem Alter zum motorischen Repertoire von Heranwachsenden. Die Ausführungen benötigen zunehmend weniger Anstrengung und Aufmerksamkeit (Automatisierung), werden immer sicherer (Stabilisierung) und können besser den jeweiligen Situationen angepasst werden (Variabilität). Zudem differenzieren sich bei den Sechs- bis Siebenjährigen die „fundamental movement skills" aus (Laufen → Sprintlauf, Dauerlauf; Werfen → Weitwurf, Zielwurf usw.) und die Kinder sind in der Lage, die Fertigkeiten flüssiger miteinander zu kombinieren (vgl. z. B. Keller & Meyer, 1982).

„fundamental movement skills" = phylogenetische Fertigkeiten

Im Grundschulalter erwerben die Kinder auch erste *sportmotorische Fertigkeiten*. Diese bauen auf dem phylogenetischen Elementarformen auf und werden nicht mehr von allen Menschen erworben. Burton und Miller (1998, S. 59) sprechen daher von *ontogenetischen Fertigkeiten*. In Tabelle 7 sind Fertigkeiten aufgelistet, die in der Kindheit und Jugend im Koordinationstraining Berücksichtigung finden können. Bei der Planung und Realisierung einer Unterrichtseinheit oder einer (mehrwöchigen) Unterrichtsreihe wird man gewöhnlich möglichst

Einfache sportmotorische Fertigkeiten = ontogenetische Fertigkeiten

Tab. 7: Beispiele für einfache phylogenetische und ontogenetische Fertigkeiten (erster Summand der Grundgleichung)

Phylogenetische Fertigkeiten		**Ontogenetische Fertigkeiten**
Ganzkörperbewegungen	Teilkörperbewegungen	
Laufen • vorwärts • rückwärts • seitwärts (Sidesteps) • Slalomlauf • Hopserlauf • mit Kreuzschritten • mit Anfersen • Umlaufen (Hindernisse) • Überlaufen (Hindernisse) • Balancieren • auf allen Vieren • in der Hocke (Entengang) • Skipping	Armkreisen • vorwärts • rückwärts • wechselseitig • gegengleich • Reifen/Ringe usw.	Werfen • einhändig • beidhändig • Druckpass • Zielwurf • Weitwurf
Hüpfen • einbeinig • beidbeinig • vorwärts • rückwärts • seitwärts • Nachstellhüpfer	Balancieren (Objekte) • Stab • Ringe • Reifen • Ball usw.	Schießen • Innenseite • Spann
Springen • einbeinig • beidbeinig • vorwärts • rückwärts • seitwärts • Strecksprung • Schlusssprung • Grätschsprung (Hampelmann) • Niedersprung • Aufsprung • Hocksprung • Hechtsprung • Drehsprung • Seilspringen	Rollen (Objekte) • Ball • Reifen usw.	Schlagen • Hockey • Tennis, TT, • Federball • Hand

Phylogenetische Fertigkeiten		Ontogenetische Fertigkeiten
Ganzkörperbewegungen	Teilkörperbewegungen	
Rollen/Drehen/Wälzen	Klatschen	Fangen • einhändig • beidhändig
Kriechen/Hindurchwinden	auf Kopf klopfen	Stoppen • Fuß • Schläger
Steigen/Klettern/Hangeln	Beinschwingen/ -pendeln	Dribbeln • Hand • Fuß • Schläger
Federn/Schweben	Schleudern	Köpfen
Stützen	Boxen	Jonglieren
Schwingen/Schaukeln	Fußkreisen • Ringe • Reifen usw.	Springen • Weitsprung • Hochsprung
Gleiten	Heben/Tragen	Ab-/Auf- schwünge
Ziehen/Stoßen/Schieben	Schwingen (Objekte)	Umschwünge

viele dieser Fertigkeiten auswählen und sie unter den verschiedenen Druckbedingungen durchführen lassen.

Aber dennoch Vorsicht: Die aufgelisteten Fertigkeiten eignen sich nur, wenn die entsprechenden Aneignungsvorgänge tatsächlich stattgefunden haben. Andererseits ist es bei älteren Kindern und Jugendlichen problemlos möglich, auch weitere beherrschte Sporttechniken in die Koordinationsprogramme zu integrieren (vgl. 1.7).

1.7 Zielgruppenspezifik – Was und Wie mit Wem?

Wie überall im Sport ist auch bei der Koordinationsschulung im Blick zu behalten, wer genau unterrichtet bzw. trainiert werden soll. Man spricht in diesem Zusammenhang von Zielgruppenspezifik, also von einer Anpassung der Anforderungen an die Voraussetzungen der Kinder und Jugendlichen. Theoretisch wären hier viele Personenmerkmale zu

Drei Differenzierungsmerkmale

bedenken. Die drei wichtigsten werden im Folgenden herausgegriffen: das kalendarische Alter, das Geschlecht und das motorische Können.

Kalendarisches Alter

Für die Bedeutung des Koordinationstrainings im Kindes- und Jugendalter lassen sich – über die im Abschnitt 1.3 angeführten Argumente hinaus – entwicklungspsychologische Begründungen anführen. Obwohl man heute nicht mehr davon ausgeht, dass es so etwas wie altersgebundene Zwangsläufigkeiten (sensible Phasen) gibt, kann es als gesichert gelten, dass gerade die allgemeinen koordinativen Kompetenzen „von klein auf" gut trainierbar sind. Biotisch erscheint der Boden eindeutig früher bereitet als für die Vervollkommnung der konditionellen Leistungsfaktoren (Weineck, 2007). Erklärt wird dies mit der raschen Entwicklung des zentralen Nervensystems, die den anderen Wachstums- und Reifungsprozessen vorausläuft. In der Folge ergeben sich – wie die Abbildung 1 veranschaulicht – enorme mittlere Zuwächse in der Gesamtkörperkoordination vom frühen Schulkindalter bis zur Adoleszenz.

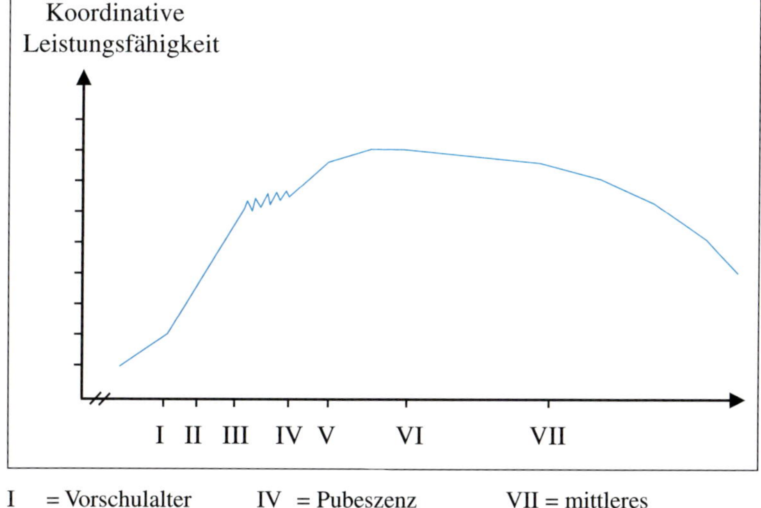

I = Vorschulalter
II = frühes Schulkindalter
III = spätes Schulkindalter
IV = Pubeszenz
V = Adoleszenz
VI = frühes Erwachsenenalter
VII = mittleres Erwachsenenalter
VIII = spätes Erwachsenenalter

Abb. 1: Koordinative Entwicklung: Gesamtpopulation, gemittelt über alle Fähigkeiten/Anforderungsbedingungen (Roth & Roth, 2009, S. 200)

Dennoch sind für die verschiedenen Etappen der Kindheit und Jugend bereits einige altersbedingte Besonderheiten zu berücksichtigen.

Frühes und spätes Schulkindalter: Die Phase des nahezu linearen Anstiegs gilt als „goldenes Alter" für die Koordinationsschulung (Winter & Hartmann, 2007; Hirtz, 1994, S. 207–217). Am besten können Kinder mit *Zeitdruckbedingungen* umgehen (Roth & Roth, 2009, S. 203–204). Eher gemäßigte Dosierungen sind bei *Präzisionsdruck-* und vor allem bei *Variabilitätsdruckaufgaben* zu empfehlen, da die Reaktions- und Antizipationsfähigkeiten noch nicht optimal ausgeprägt sind (Roth & Winter, 1994, S. 200).

Mädchen 7. bis 11./12. Lebensjahr; Jungen 7. bis 12./13. Lebensjahr

Pubeszenz: In diesem Altersabschnitt wird der geradlinige Entwicklungsverlauf gebremst (vgl. Abbildung 1). Bei erheblichen individuellen Unterschieden wechseln Stagnationen mit Anstiegs- und Abstiegsphasen. Wichtig ist, dass die Beeinträchtigungen – sofern sie auftreten – nicht zu einer umfassenden motorischen Gesamtkrise führen. Von den hormonellen und körperbaulichen Umstellungen sind in erster Linie die Ausführungen schwieriger ganzkörperlicher Bewegungstätigkeiten betroffen und damit auch das Koordinationstraining unter *Komplexitäts-* oder *Organisationsdruckbedingungen*. Hier sind u. U. Überforderungen einzukalkulieren.

Mädchen bis 13. Lebensjahr; Jungen bis 14./15. Lebensjahr

Adoleszenz: Es kommt wieder zu einer Festigung in der Koordinationsentwicklung. Durchschnittlich betrachtet werden jetzt die Höchstausprägungen erreicht. Bis zum Eintritt in das Erwachsenenalter formen sich mehr oder weniger deutliche koordinative „Handschriften" oder „Fingerabdrücke" der Jugendlichen heraus. Generell gibt es für das Koordinationstraining in dieser Lebensphase keine Einschränkungen mehr. Die Schwerpunkte und Akzentsetzungen haben ihren Altersbezug verloren, entscheidend werden der Lebensstil und die Bewegungs-/Sportkarrieren der Heranwachsenden.

Mädchen bis 16./17. Lebensjahr; Jungen bis 18./19. Lebensjahr

Geschlecht

Die koordinativen Unterschiede zwischen Mädchen und Jungen haben sich in der Mehrzahl der bisher vorliegenden Untersuchungen bis zum 10./11. Lebensjahr als eher gering erwiesen (vgl. u. a. Eggert, 1996, S. 57). In der Phase des linearen Anstiegs bestehen bei beiden Geschlechtern gleichermaßen gute Voraussetzungen. In späteren Altersabschnitten werden dann Vorteile für die männlichen Probanden bei Zeitdruckaufgaben deutlich. Dagegen sind die Mädchen bei Präzisionsanforderungen offenkundig etwas leistungsfähiger.

Keine Leistungsunterschiede bis zum Ende der Grundschulzeit

Später: Vorteile für die Jungen: Zeitdruck!

Für *Ganzkörperbewegungen unter Zeitdruck* berichten Hirtz (1985) und Winter (1987; Olympia-Leistungsabzeichen der DDR, Kasten-Bumeranglauf) über geschlechtsspezifische Differenzen ab dem Alter von 13 Jahren. Roth und Roth (2007) fanden sowohl für einen Komplextest (Kombination von Zeit- und Präzisionsdruck) als auch für eine großmotorische Zeitdruckaufgabe signifikante Vorteile zugunsten der Jungen in der Pubeszenz und Adoleszenz. Die Kurven der Geschlechter verlaufen dabei – wenn auch auf unterschiedlichem Niveau – weitgehend *parallel.* Der immer wieder beschriebene Schereneffekt (Abstand wird immer größer) ist in den Daten von Roth und Roth (2007) ebenso wenig erkennbar wie in einer Studie von Bachmann und Fetz (2002).

Aber: kein Schereneffekt!

Später: Vorteile für die Mädchen: Präzisionsdruck!

Die Vorteile der Jungen verschwinden bei *Genauigkeitsanforderungen.* In einer Studie von Schielke (2002, S. 161) z. B. erreichten Mädchen in einem Rhythmuswechsel- und einem Rhythmusresistenz-Test höhere Leistungen als Jungen. Auch in der Untersuchung von Bachmann und Fetz (2002, S. 134) drehen sich die Resultatsmuster um, wenn statt der Geschwindigkeit die Genauigkeit (Rundengleichmaß) analysiert wird. Die Mädchen sind dann den männlichen Heranwachsenden leicht überlegen.

Anzumerken ist, dass sich die koordinativen Kompetenzen der Geschlechter in Europa immer weiter *annähern* und dass (leider) der Abstand zwischen den leistungsstarken und -schwachen Kindern bzw. Jugendlichen immer größer wird.

Motorisches Können

Im Verein und im schulischen Sportunterricht eignen sich Kinder und Jugendliche mit zunehmendem Alter ein stetig breiter werdendes Repertoire an sportartbezogenen Fertigkeiten an. Mit diesem wachsenden Können lässt sich die methodische Formel des Koordinationstrainings etwas „großzügiger“ und „disziplinbezogener“ interpretieren. Dies zeigt ein Blick auf die beiden Summanden in der Grundgleichung aus Abschnitt 1.6.

Sporttechniken werden zu einfachen Fertigkeiten!

Einfache Fertigkeiten: Die erworbenen Sporttechniken werden für die Heranwachsenden allmählich zu elementaren, sicher beherrschten Bewegungsformen. Der Logik des Koordinationstrainings folgend wird es daher – bei fortgeschrittenem Leistungsstand – möglich, auch *disziplinspezifische Fertigkeiten* einzubinden, wie den Schlagwurf, den Innenseitstoß, den Positionswurf, das Baggern oder Felg- und Kippbewegungen.

Druckbedingungen: Der Lehrer bzw. Übungsleiter kann im Rahmen von Fußball-, Handball-, Schwimm- oder Leichtathletikstunden auch Akzente in Richtung einer sportartorientierten koordinativen Anforderungsschulung setzen. Dann ist bei der Gewichtung der Fähigkeiten/Aufgabenklassen das Profil der jeweiligen Disziplin mit zu berücksichtigen. In Sportspielen stehen z. B. der Zeitdruck und der Variabilitätsdruck im Vordergrund, in den verlaufsorientierten Sportarten (Gerätturnen, Wettkampfgymnastik, Wasserspringen) sind es der Präzisions-, Komplexitäts- und Organisationsdruck, im Schwimmen und der Leichtathletik der Zeit-, Präzisions-, Komplexitäts- und Organisationsdruck usw.

Näheres zum Thema *„disziplinspezifische Koordinationsschulung"* findet sich in einer Buchreihe des Strauß-Verlags. Dort sind eigenständige Bücher zum Training in den Sportarten Fußball, Handball, Volleyball, Badminton, Judo und Golf herausgegeben worden. Ausgehend vom KAR, dem *Koordinations-Anforderungs-Regler,* werden umfassende Beispielsammlungen für disziplinbezogene Koordinationsübungen präsentiert.

KAR = Regler für die koordinativen Anforderungen in den verschiedenen Sportarten

1.8 Diagnostik

Kein Kind oder Jugendlicher ist dem anderen gleich im Aussehen, in der Sprache, seinem Charakter, seinen Denkweisen und seinen motorischen Fähigkeiten/Fertigkeiten. In der wissenschaftlichen Forschung werden koordinative Leistungen in der Regel über *Sportmotorische Tests* (SMT) gemessen. Mit ihnen lassen sich einerseits die (interindividuellen) Unterschiede zwischen den Heranwachsenden und andererseits die (intraindividuellen) Verbesserungen einzelner Kinder oder Jugendlichen erfassen. SMTs sind standardisierte Bewegungsaufgaben, die drei klassische Gütekriterien erfüllen: die Objektivität, Reliabilität und Validität. Was damit gemeint ist, kann bei Höner und Roth (2002) nachgelesen werden. An dieser Stelle soll nicht weiter auf SMTs eingegangen werden. Sie sind fast immer an Geräte, Materialien oder Durchführungsbedingungen geknüpft, auf die im normalen Sportunterricht oder Training nicht zurückgegriffen werden kann.

Tests für die Wissenschaft!

Statt SMTs können in der Praxis *einfache Kontrollübungen* Anhaltspunkte dafür geben, wie weit die Kinder entwickelt sind. Die folgenden Beispiele beziehen sich auf das Grundschulalter und stellen quasi vereinfachte Alltagsvarianten von zwei bekannten, klassischen Koordinationstests dar (vgl. Roth, 2012). Die beiden ersten Übungen orien-

Kontrollübungen für die Praxis!

tieren sich an Aufgabenstellungen aus dem Körperkoordinationstest für Kinder (KTK) von Kiphard und Schilling (1974). Alle angegebenen Prozentwerte wurden aus aktuellen Daten „hochgerechnet".

Beispielaufgabe 1

Seitliches Hin- und Herspringen

Wie oft kann ein Kind innerhalb von zweimal 15 Sekunden (mit einer kleinen Pause dazwischen) mit beiden Beinen über eine Linie seitlich hin- und herspringen? Gezählt wird die Anzahl der Sprünge: hin als eins, her als zwei und so weiter. 90% der Mädchen in der ersten Klasse springen 25-mal über die Linie, 90% der Jungen 20-mal. Die Mädchen halten ihren Vorsprung. In der vierten Klasse erreichen neun von zehn Mädchen 47 und der gleiche Prozentsatz von Jungen 33 Wiederholungen *(Fähigkeit zur Koordination unter Zeitdruck).*

Beispielaufgabe 2

Rückwärts Balancieren

Wie viele Schritte kann ein Kind rückwärts auf einem Balken oder einem dünnen Baumstamm balancieren? Die meisten Kinder schaffen bei der Einschulung mindestens sechs Schritte. Etwa einem von zehn Kindern gelingt das nicht. Andere bewältigen zwölf Schritte oder mehr. Am Ende der Grundschulzeit sind neun von zehn Viertklässlern in der Lage, elf Schritte rückwärts zu balancieren. Jedes zweite Kind „packt" sogar 17 Schritte *(Fähigkeit zur Koordination unter Präzisionsdruck).*

Noch einfacher sind die Beispielaufgaben 3 bis 6. Es handelt sich – im Prinzip – um vier von insgesamt 18 Übungen aus der Kurzform der *Lincoln-Oseretzky-Skala* (Eggert, 1974).

Beispielaufgabe 3

Nase berühren

Im Sitzen die Arme und Zeigefinger waagerecht ausstrecken. Augen schließen und dreimal abwechselnd mit den ausgestreckten Zeigefingern die Nase berühren. Dabei bleiben die Augen zu und der Kopf unbewegt. Jeder Zeigefinger berührt zweimal die Nase *(Fähigkeit zur Koordination unter Präzisionsdruck).*

Beispielaufgabe 4

Auf einem Bein stehen

Über einen Zeitraum von 10 Sekunden auf dem bevorzugten Standbein stehen. Das ist das Bein, auf dem man es am besten kann. Die Sohle des anderen Fußes gegen die Innenseite des Standbeinknies stellen. Die Augen bleiben zu, die Arme werden nicht zum Balancieren verwendet und das zweite Bein bleibt an der Innenseite des Standbeinknies *(Fähigkeit zur Koordination unter Präzisionsdruck).*

Beispielaufgabe 5

Hochspringen mit Händeklatschen

Mit beiden Beinen hochspringen und in der Luft dreimal in die Hände klatschen, bevor man auf den Zehenspitzen wieder landet. Drei Wiederholungen. Mindestens ein Versuch sollte erfolgreich sein *(Organisationsanforderungen unter Zeitdruck).*

Beispielaufgabe 6

Klopfen und Kreisen

Im Sitzen Arme und Zeigefinger waagerecht nach vorn ausstrecken und mit beiden Beinen abwechselnd auf den Boden stampfen. Gleichzeitig mit den beiden ausgestreckten Zeigefingern Kreise beschreiben, ohne Hand und Unterarm mit zu bewegen. Füße und Finger sollen sich 15 Sekunden gleichzeitig bewegen. Die Kreisbewegung der Zeigefinger ist deutlich zu sehen. Hand und Unterarm bleiben unbewegt *(Organisationsanforderungen unter Präzisionsdruck).*

Gut wäre es, wenn die Kinder in der ersten Klasse ein, in der zweiten Klasse zwei und in der dritten/vierten Klasse drei dieser Übungen bewältigen könnten. Wenn das nicht der Fall ist, gibt es keinen Grund zur Beunruhigung. Manche Heranwachsende sind einfach „Spätzünder", in ihren körperlichen Voraussetzungen noch nicht so weit oder hatten bisher nicht genug Gelegenheit, ihre Koordination zu trainieren.

1.9 Zusammenfassung

- Koordinative Fähigkeiten sind *bewegungsübergreifend* einsetzbare Kompetenzen zur Steuerung und Regelung menschlicher Bewegungen. Sie bilden zusammen mit den konditionell-energetischen Leistungsvoraussetzungen die beiden Seiten der „motorischen Fähigkeitsmedaille".

- Das Koordinationstraining ist während des gesamten Schulalters ein wichtiger, entwicklungsgemäßer Bestandteil des *Sportunterrichts* und der disziplinspezifischen *Grundlagenausbildung*.

- Die Annahme, dass Steuerungs- und Regelungsvorgänge generell, fertigkeitsunabhängig verbessert werden können, ist nicht trivial, aber tief in unserem Denken verwurzelt. Das nährt die verbreitete Überzeugung, dass die Koordinationsschulung – quasi als Training der Trainierbarkeit oder der motorischen Lernfähigkeit – das *Neulernen* und *Optimieren* von *Sporttechniken* positiv beeinflusst.

Zudem sind in einer Reihe von Studien Effekte auf schulische Lernleistungen nachgewiesen worden.

- Welche koordinativen Fähigkeiten sind in der Kindheit und Jugend zu schulen? Die Frage nach den Zielen wird aktuell mit einer „ostdeutschen" und einer „westdeutschen" Systematik beantwortet. Für diesen Band hat Roth (2013) ein modifiziertes Strukturmodell entwickelt. Im Zentrum steht der Umgang mit *Zeitdruck-* und *Präzisionsdruckanforderungen*, dem alle weiteren koordinativen Aufgabenklassen „untergeordnet" werden.

- Was sind die *Inhalte* des Koordinationstrainings? Im Kapitel 3 erfolgt eine Schwerpunktlegung auf Übungsformen. Sie können zwanglos in Parcours, Zirkel, Wettkämpfe und Kleine Spiele eingebunden werden. Die entscheidenden Konstruktionsregeln folgen den Prinzipien der Neuartigkeit, der Vielseitigkeit und der Freudbetontheit.

- Wie funktioniert die *Methodik* des Koordinationstrainings? Das Grundrezept für das Koordinationstraining lautet: Man nehme eine Palette von einfachen, stabil beherrschten motorischen Fertigkeiten und führe die Übungen unter (erschwerenden) motorisch-koordinativen Druckbedingungen durch (Zeitdruck, Präzisionsdruck, Komplexitätsanforderungen unter Zeit- oder Präzisionsdruck, Organisationsanforderungen unter Zeit- oder Präzisionsdruck, Variabilitätsanforderungen unter Zeit- oder Präzisionsdruck).

- Diese „Mixtur" darf selbstverständlich nicht stur und unflexibel angewendet werden. Der „Geschmack" an den einzelnen „Zutaten" ändert sich *zielgruppenspezifisch*. Mit zu bedenken sind immer das kalendarische Alter, das Geschlecht und das motorische Können der zu trainierenden Kinder und Jugendlichen. Zeitdruckbedingungen lassen sich früher lohnend üben als Präzisionsdruck. Jungen sind besser bei Geschwindigkeitsaufgaben, Mädchen bei Präzisionsanforderungen und ausgehend vom motorischen Erfahrungsstand können zunehmend auch komplexere sportliche Fertigkeiten und disziplinbezogene koordinative Trainingsformen einbezogen werden.

- Die Fragen: „Wer kann was?" und „Wer hat sich wie und um wie viel verbessert?" werden in der Trainingswissenschaft mit Daten aus *Sportmotorischen Tests* beantwortet. Für die Alltagspraxis sind leichter durchführbare *koordinative Kontrollübungen* zu empfehlen. Sie liefern wertvolle Orientierungshilfen und stellen mehr als eine bloße „Hausmacherdiagnostik" dar.

- Mit den Kenntnissen – insbesondere zu den Zielen, Inhalten und Methoden der Koordinationsschulung – ist es problemlos möglich, variabel mit den nachfolgenden Beispielübungen umzugehen und den vorgegebenen Katalog selbst sinnvoll zu erweitern. Koordinationsschulung verträgt viele Ideen und „Köche“: *Wenige Zutaten verderben den Brei!*

Kapitel

2

Christian Kröger & Klaus Roth

Übungssystematik

2.1 Ordnungskriterien

Die Sammlung der Übungen im Kapitel 3 folgt einer einheitlichen Darstellungsform. Die Grundlage bilden vier hierarchisch gestufte *Ordnungskriterien:*

1. Die *Übungsziele.* Sie orientieren sich an den in Tabelle 5 aufgelisteten koordinativen Fähigkeiten/Druckbedingungen.

2. Die *motorischen Ausführungsformen.* Sie werden – den Prinzipien der Neuigkeit und Vielseitigkeit entsprechend – möglichst facettenreich gewählt. Die meisten der Übungen können mit verschiedenen Körperteilen ausgeführt und umgesetzt werden.

3. Die einbezogenen *Sportgeräte* bzw. *Alltagsmaterialien.* Auch hier gelten die Leitsätze „Neues ausprobieren!“ und „Vielseitigkeit ist Trumpf!“. Die Auswahl berücksichtigt den in einer normalen Schulturnhalle vorhandenen Ausstattungsstandard.

4. Das *Komplexitätsniveau* der Übungen. Es variiert zwischen I und III. Damit werden bewusst keine Altersangaben verbunden. Jeder Sportlehrer oder Übungsleiter muss selbst einschätzen, welche Schwierigkeitsstufe für seine Gruppe von Kindern oder Jugendlichen angemessen ist. Unter den römischen Kennziffern ist vermerkt, ob es sich um Einzel-, Partner- oder Gruppenübungen handelt.

Über jeder Koordinationsaufgabe befinden sich *drei Kopfzeilen* (Abb. 2). Die *oberste* enthält die Nummer der jeweiligen Übung. In der *mittleren* Zeile sind die Druckbedingungen angeführt, die geschult werden sollen (Ordnungskriterium 1). Das kann eine einzelne sein oder eine Kombination von mehreren koordinativen Anforderungen. Die Gewichtung der benannten Druckbedingungen nimmt von links nach rechts ab. Die *unterste* Zeile enthält schließlich ganz links ein Symbol für die motorische Ausführungsform (Ordnungskriterium 2) und weiter rechts die Angaben zu den benötigten Sportgeräten (Ordnungskriterium 3), zur Komplexitätsstufe und zum Aufgabentyp (Ordnungskriterium 4).

Die angesprochenen *Symbole* zu den Ordnungskriterien 2 und 3 werden – über die gesamte Übungssammlung hinweg – in der in Abbildung 2 veranschaulichten Form verwendet.

Der Katalog umfasst insgesamt *101 Aufgabenstellungen,* die sich durch die Angabe von Variationsmöglichkeiten auf mehr als 300 erhöhen.

1	Druckbedingungen		
	motorische Ausführungsform	Arbeitsgeräte	Komplexi-tätsstufe

Abb. 2: Darstellung der Kopfzeile

Anzumerken ist, dass bewusst auf Übungen zur Ballkoordination verzichtet wurde. Hier kann auf das Standardwerk von Roth und Kröger (2011) verwiesen werden. Gleiches gilt für Roll- und Gleitbewegungen. Eine Vielzahl von Anregungen hierzu findet sich bei Kröger und Riedl (2011).

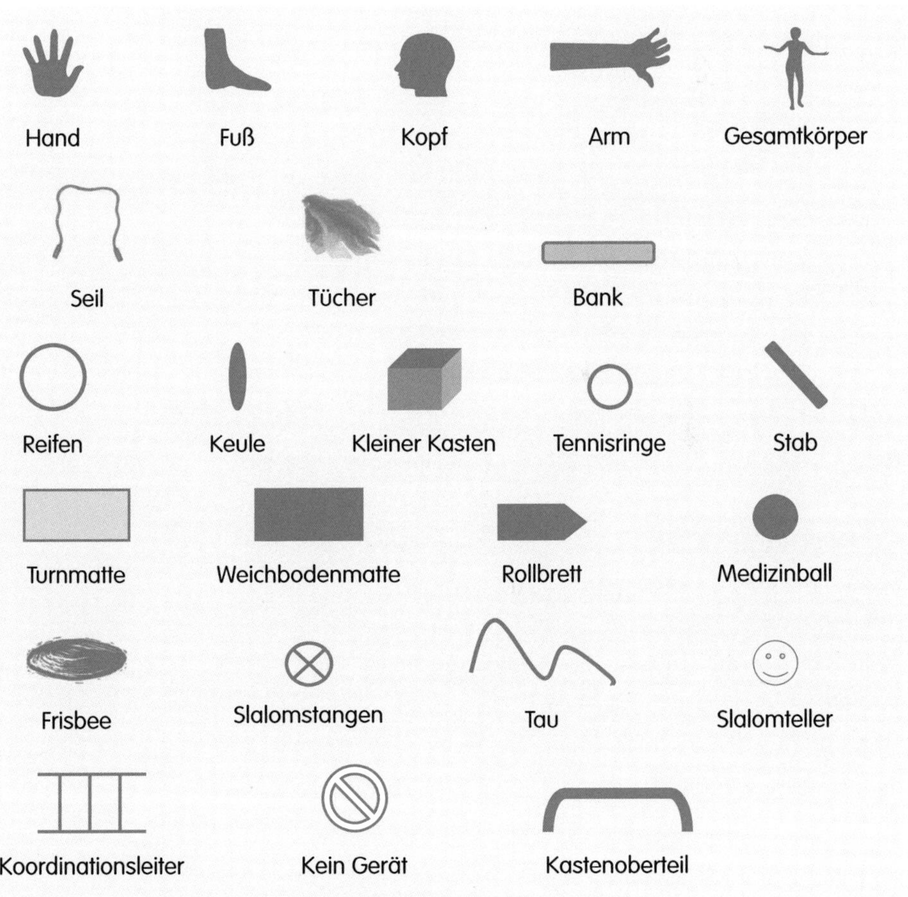

Abb. 3: Zeichen und Symbole für die Übungssammlung

2.2 Register

Für eine zielgerichtete, schnelle Suche nach bestimmten Übungen zu den Ordnungskriterien 2, 3, und 4 kann auf die folgenden drei Tabellen zurückgegriffen werden:

Tab. 8: Register nach den motorischen Ausführungsformen (Körperteilen)

Körperteil	Nummer der Übung
Hand	1, 2, 3, 4, 12, 13, 14, 15, 16, 17, 25, 32, 33, 34, 35, 36, 53, 54, 55, 56, 57, 58, 59, 95, 96
Fuß	18, 26, 27, 37, 38, 39, 40, 41, 42, 43, 44, 45, 46, 63
Kopf	19
Arm	20, 60, 61, 62
Gesamtkörper	6, 7, 8, 9, 10, 11, 21, 22, 23, 24, 29, 30, 31, 47, 48, 49, 50, 51, 52, 67, 68, 69, 70, 71, 72, 73, 74, 75, 76, 77, 78, 79, 80, 81, 82, 83, 84, 85, 86, 87, 88, 89, 90, 91, 92, 93, 94, 97, 98, 99, 100, 101
Hand/Fuß	5, 28, 64, 65
Kopf/Fuß	66

Tab. 9: Register nach Sportgeräten/Alltagsmaterialien

Gerät	Nummer der Übung
Bank	9, 21, 22, 23, 48, 49, 50, 84, 85, 99, 100, 101
Frisbee	66
Kastenoberteil	74
Keule	47
kleiner Kasten	39
Koordinationsleiter	40, 41, 42, 43, 44, 45, 46, 86, 87, 88
Medizinball	29, 73, 74
ohne Geräte	30, 32, 33, 37, 53, 54, 60, 61, 67, 68, 69, 70, 89, 98
Reifen	11, 12, 13, 26, 38, 51, 55, 56, 62, 63, 65, 71, 72
Rollbrett	83
Seil	6, 7, 8, 20, 24, 64, 75, 76, 77, 78, 79, 80, 81, 82, 84, 86, 90, 91, 92, 93, 94, 98, 100

Gerät	Nummer der Übung
Slalomstangen	66
Slalomteller	73
Stab	1, 2, 3, 5, 10, 14, 15, 16, 18, 19, 25, 30, 36, 57, 58, 59, 64, 85, 101
Tau	31
Tennisring	17, 27, 28
Tücher	4, 34, 35, 95, 96, 97
Turnmatte	52
Weichbodenmatte	73

Tab. 10: Register nach Aufgabentyp

Aufgabentyp	Nummer der Übung
Einzelaufgabe	1, 2, 3, 4, 5, 9, 10, 11, 12, 13, 14, 15, 16, 18, 19, 20, 21, 22, 23, 24, 26, 27, 28, 29, 30, 31, 32, 34, 36, 37, 39, 40, 41, 42, 43, 44, 45, 46, 47, 48, 49, 50, 51, 52, 53, 54, 55, 60, 61, 62, 63, 64, 66, 67, 68, 69, 70, 71, 72, 73, 74, 75, 76, 77, 78, 79, 80, 81, 82, 83, 84, 86, 87, 88, 91, 95
Partneraufgabe	17, 25, 33, 35, 38, 56, 57, 58, 59, 65, 85, 89, 90, 92, 96, 97, 98, 99, 100
Gruppenaufgabe	6, 7, 8, 93, 94, 101

Kapitel

3

Christian Kröger
unter Mitarbeit von Larissa Schmidt

Sammlung koordinativer Übungsformen

1

Zeitdruck

I
Einzel

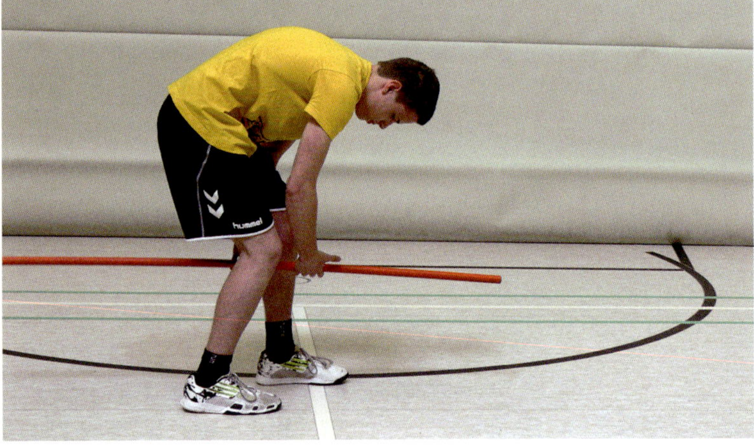

Den Stab zwischen den Beinen mit einer Hand von vorne und mit der anderen von hinten halten; schnelles Umgreifen der Hände, ohne dass der Stab zu Boden fällt.

- Zwei Stäbe II **Variation**

2

Zeitdruck

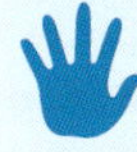

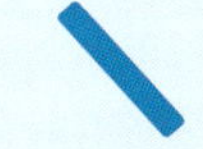

I
Einzel

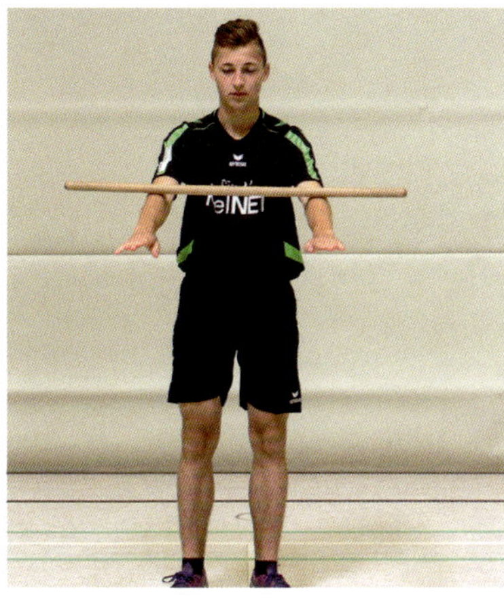

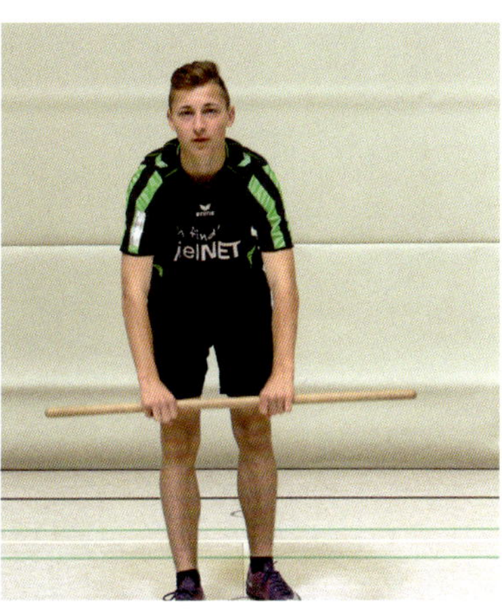

Den Stab auf die Arme in Vorhalte (Handflächen nach unten) legen: Arm leicht senken, sodass der Stab nach vorne über den Handrücken rollt. Den Stab von oben greifen, bevor dieser zu Boden fällt.

Variationen

- Griffwechsel: Stab von unten greifen  II
- Stab auf den Nacken legen, Oberkörper dabei nach vorne beugen, aufrichten, Stab hinter dem Rücken greifen bevor er zu Boden fällt  II

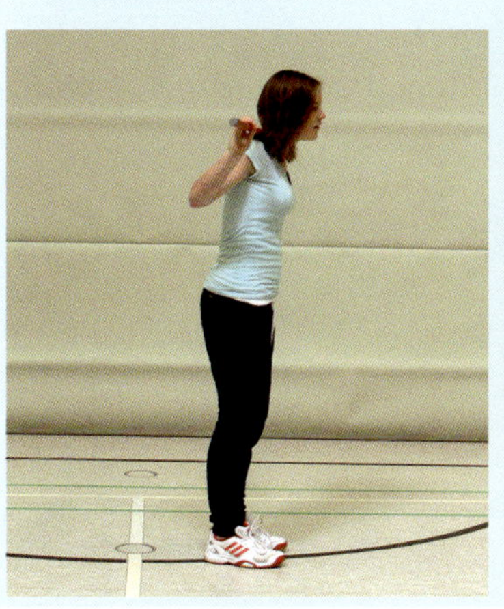

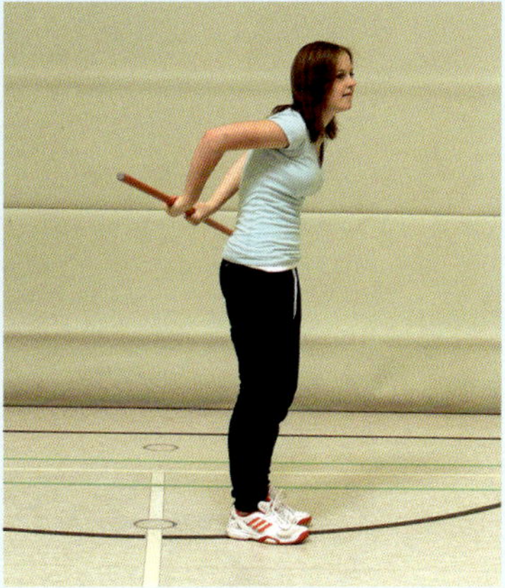

3

Zeitdruck

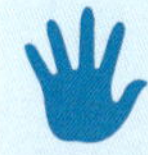		I Einzel

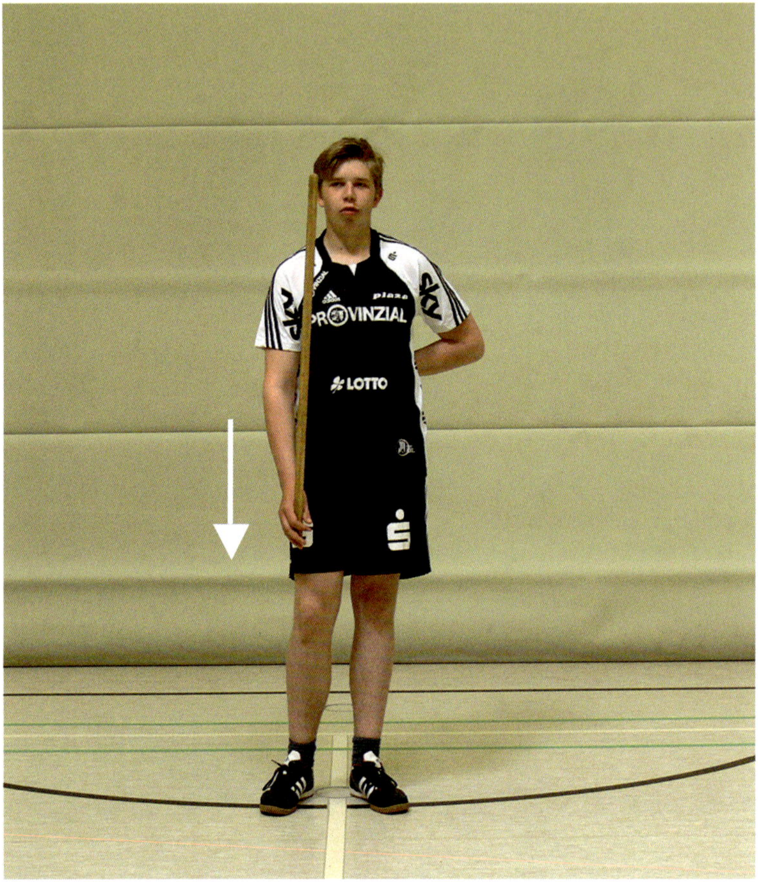

Den Stab am unteren Ende mit rechter Hand senkrecht hochhalten, loslassen und mit der linken Hand, die vorher hinter dem Rücken gehalten wird, am oberen Ende greifen.

Variationen

- Mit linker Hand hochhalten, mit rechter Hand fangen  I
- 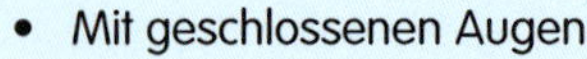 Mit geschlossenen Augen  II

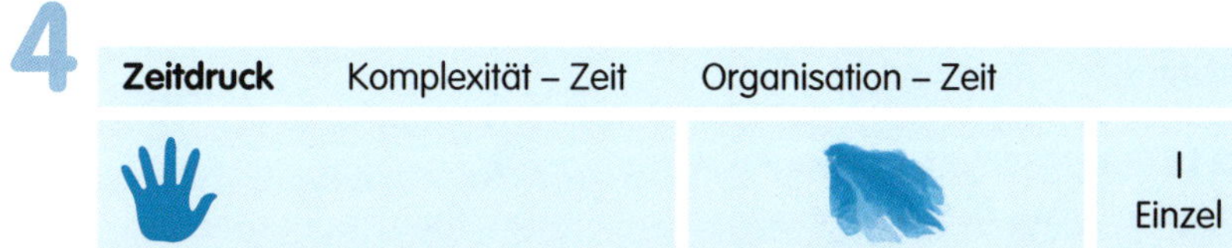

4	Zeitdruck	Komplexität – Zeit	Organisation – Zeit
			I Einzel

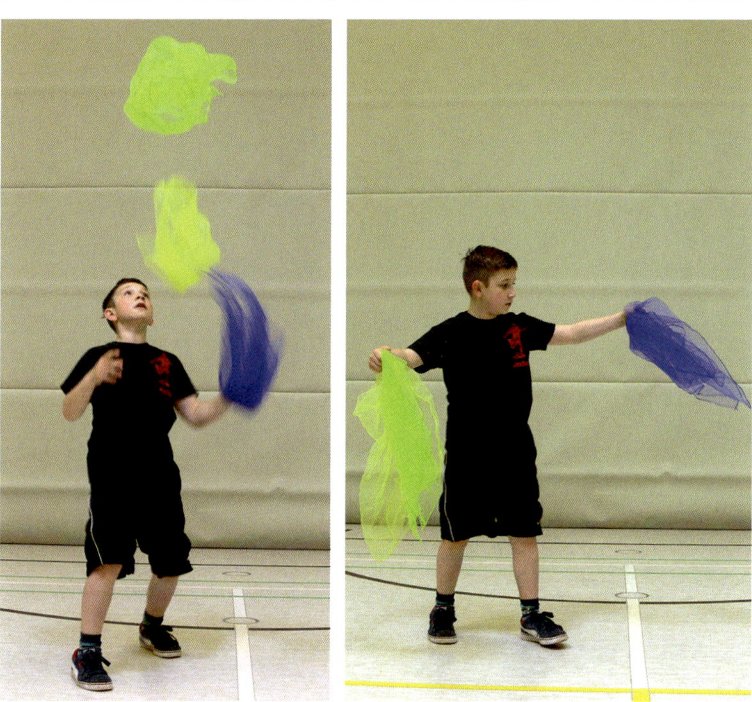

Vier Tücher (zwei gelbe und zwei blaue) in den Händen halten, hochwerfen, und mit der rechten Hand die blauen Tücher und mit der linken Hand die gelben Tücher fangen.

Variationen

• Nur eine Farbe fangen, Rest fallen lassen	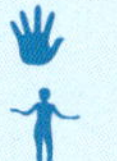	I
• Vor dem Fangen eine 360°-Drehung	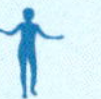	III
• Beim Hochwerfen die Augen schließen		II
• Anzahl der Tücher erhöhen		III

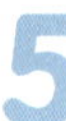

Zeitdruck Komplexität – Zeit

I
Einzel

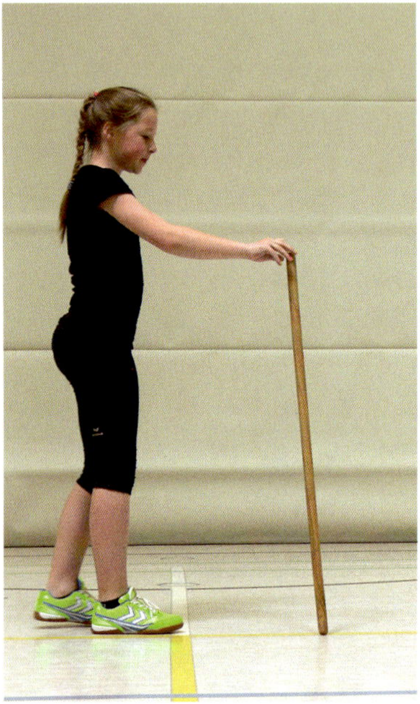

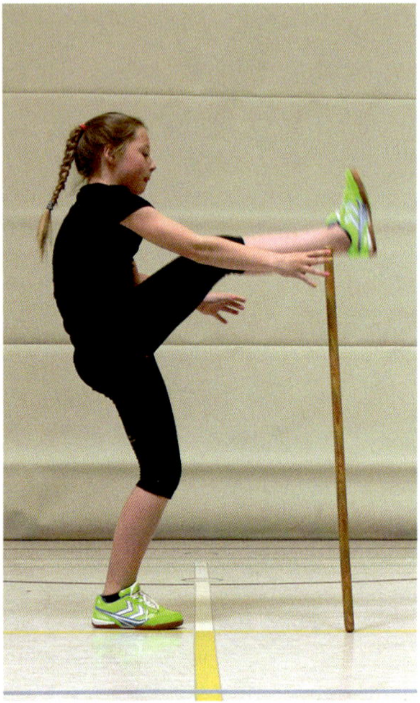

Den Stab senkrecht auf den Boden stellen, loslassen und bevor er wieder aufgenommen wird, ein Bein über den Stab schwingen. Der Stab darf nicht auf den Boden fallen.

Variationen

- Als Partnerübung: Gegenüberstellen, Partner lässt Stab los, Stab auffangen bevor der Stab zu Boden geht — I
- Bevor der Stab wieder aufgenommen wird: Dreimal auf die Oberschenkel klatschen — I
- Bevor der Stab wieder aufgenommen wird: Hinter dem Rücken in die Hände klatschen — II
- Bevor der Stab wieder aufgenommen wird: Um 360° drehen — II

6

Zeitdruck	Komplexität – Zeit	Variabilität – Zeit

		I Gruppe

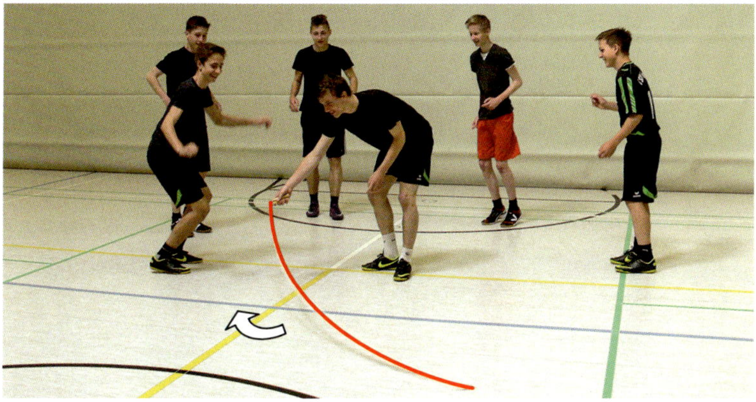

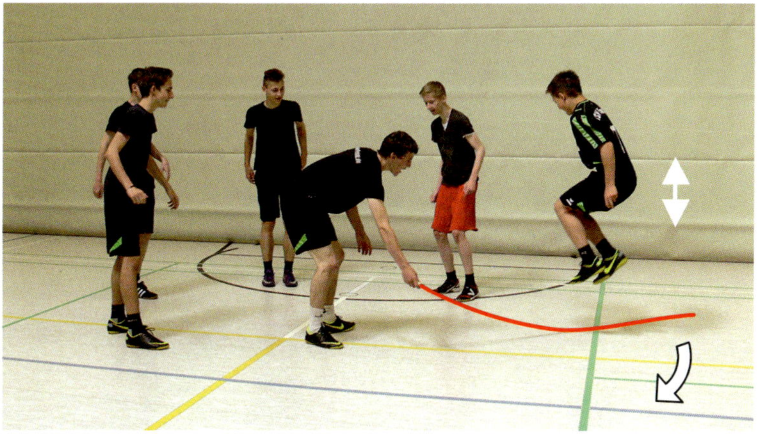

Die Gruppe bildet einen Innenstirnkreis. Ein Gruppenmitglied steht in der Mitte des Kreises und dreht sich mit einem Seil knapp über dem Boden schwingend, sodass die Gruppenmitglieder des Kreises, einer nach dem anderen, das Seil überspringen müssen.

Variationen

• Tempo variieren		II
• Am Ende des Seiles einen Tennisring fixieren und damit auch die Höhe des schwingenden Seiles variieren	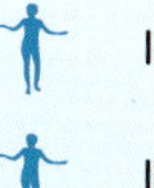	II

7

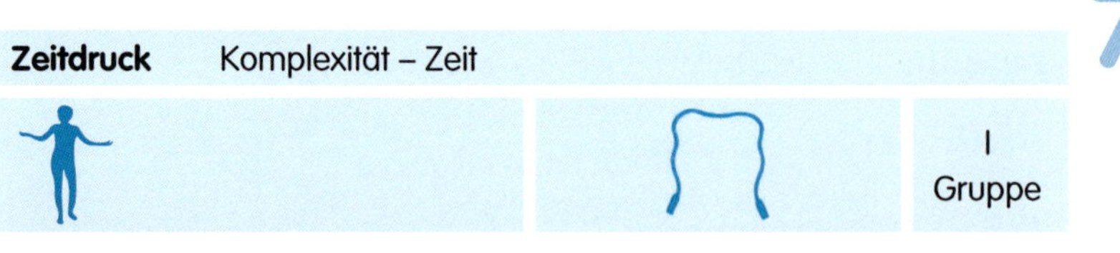

Zeitdruck Komplexität – Zeit

I
Gruppe

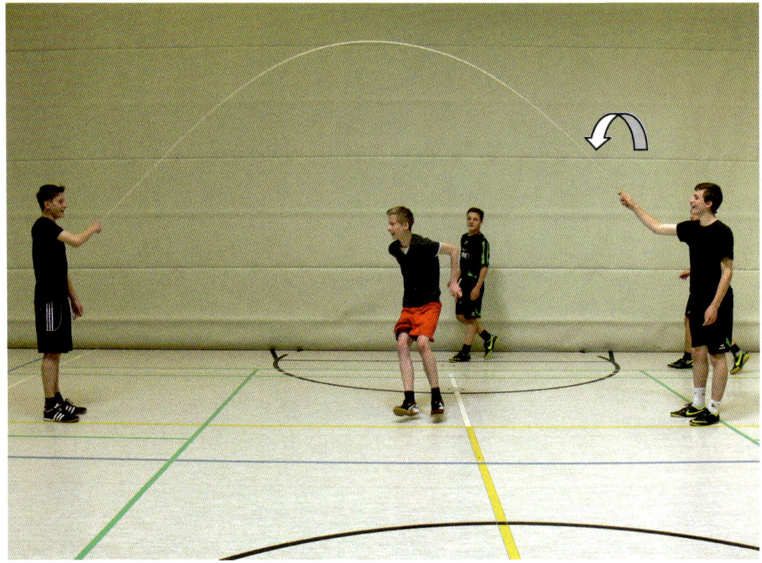

Zwei Gruppenmitglieder schlagen das Seil. Die anderen Gruppenmitglieder laufen gerade durch das geschlagene Seil.

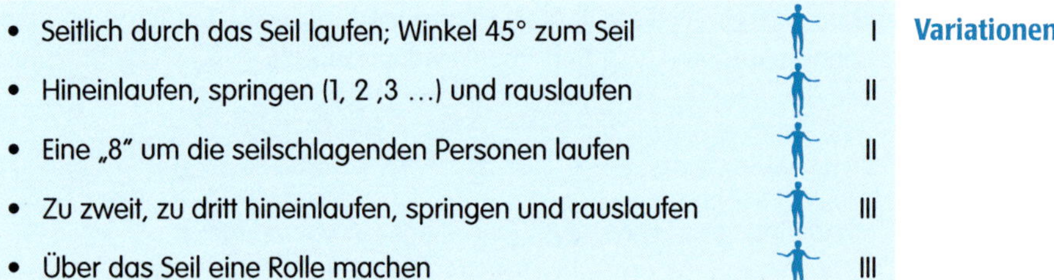

Variationen

- Seitlich durch das Seil laufen; Winkel 45° zum Seil — I
- Hineinlaufen, springen (1, 2 ,3 …) und rauslaufen — II
- Eine „8" um die seilschlagenden Personen laufen — II
- Zu zweit, zu dritt hineinlaufen, springen und rauslaufen — III
- Über das Seil eine Rolle machen — III

8

Zeitdruck Komplexität – Zeit

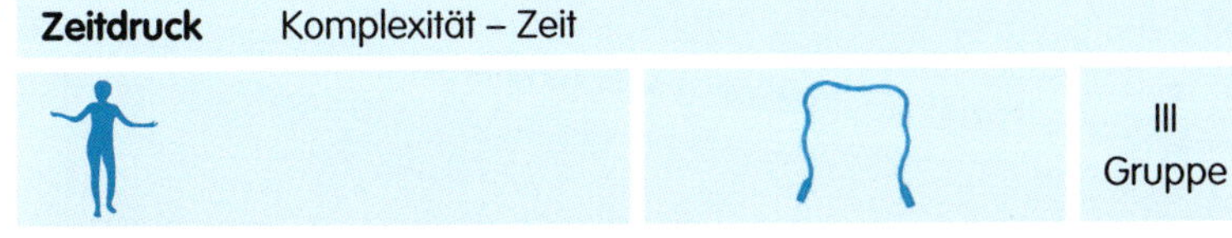

III
Gruppe

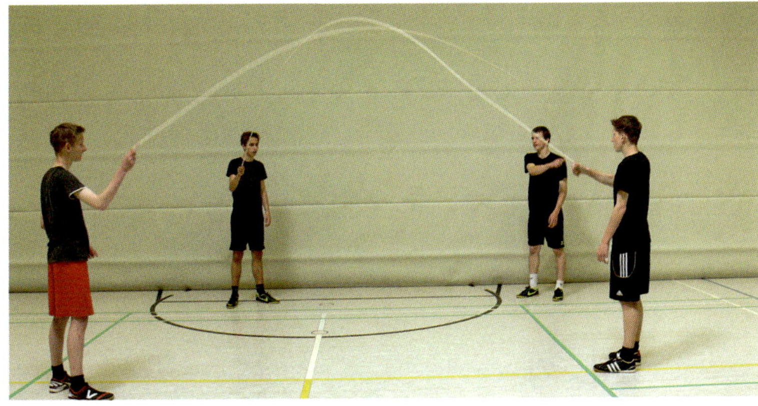

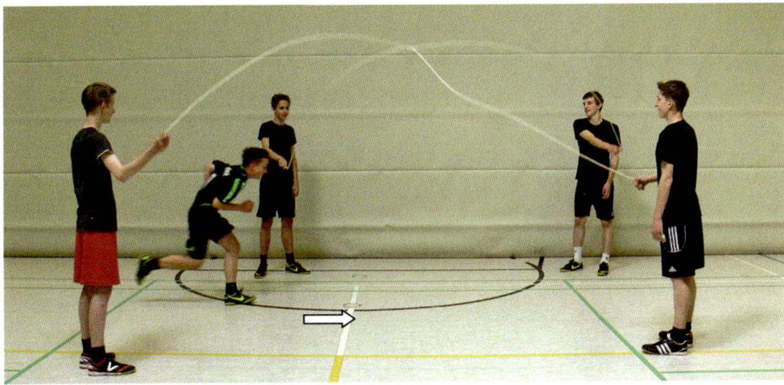

Springen im Kreuz: Jeweils zwei Paare stehen in einem Viereck. Die vier Dreher schwingen die beiden Seile, sodass sich die Seile einigermaßen gleichzeitig am Boden und in der Höhe befinden. Die Springer sollen von einer Seite auf die andere Seite unter dem Seil durchlaufen.

Variationen

- Partnerweise von beiden Seiten durchlaufen III
- Hineinlaufen, springen (1, 2, 3 …) und rauslaufen III
- Mehrere Springer gleichzeitig im Seil III

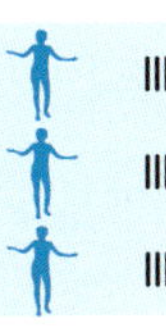

9

Zeitdruck Komplexität – Zeit

II
Einzel

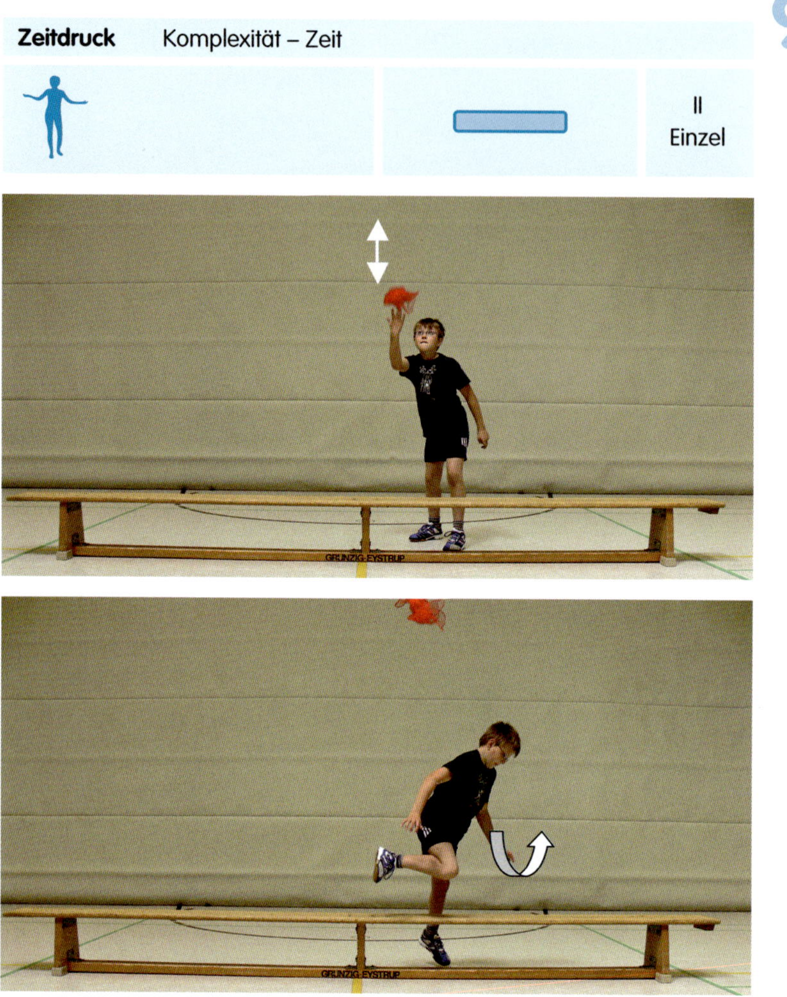

Mit einem Tuch in der Hand hinter einer Bank stehen, das Tuch hochwerfen, über die Bank springen, unter der Bank hindurch klettern und das Tuch im Stehen auffangen bevor es den Boden berührt.

Variationen

- Mehrere Tücher — III
- Mehrere Bänke überspringen und hindurchklettern — III
- Über die Bank springen, um die Bank laufen und wieder über die Bank springen — III

10 **Zeitdruck** Organisation – Zeit

III
Einzel

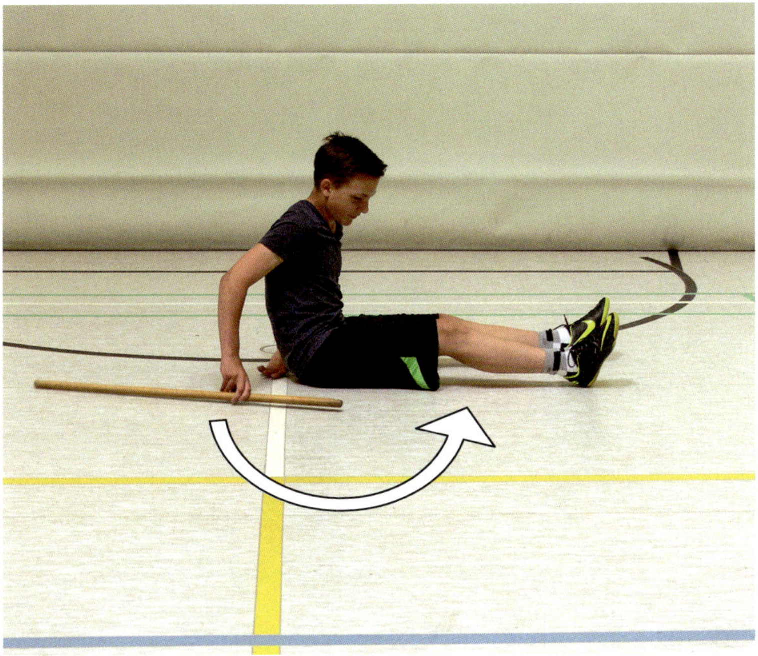

Im Sitzen wird der Stab mit einer Hand unter dem Körper durchgedreht. Dazu muss man sich kurzzeitig vom Boden abdrücken.

Variationen

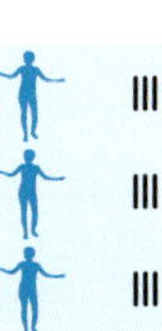

- Mit einem Seil — III
- Mit geschlossenen Augen — III
- Beidseitigkeit — III

11

Zeitdruck Organisation – Zeit

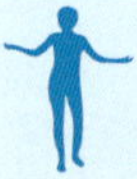

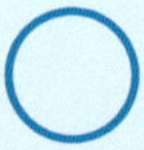

II
Einzel

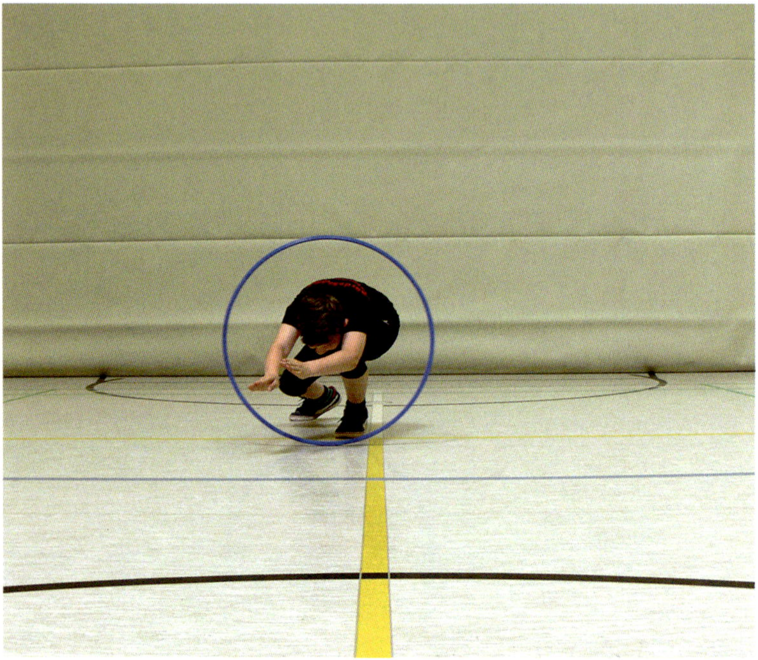

Hechtsprung durch den Reifen: Einen Reifen zum Rollen bringen. Während des Rollens den Reifen durchqueren, ohne dass der Reifen berührt oder sogar zu Fall gebracht wird.

Variationen

- Reifen zweimal durchqueren III
- Mit Partner, der zwei Reifen kurz nacheinander rollt III

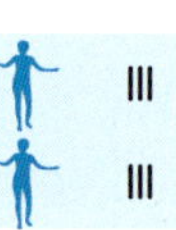

12 Präzisionsdruck

I
Einzel

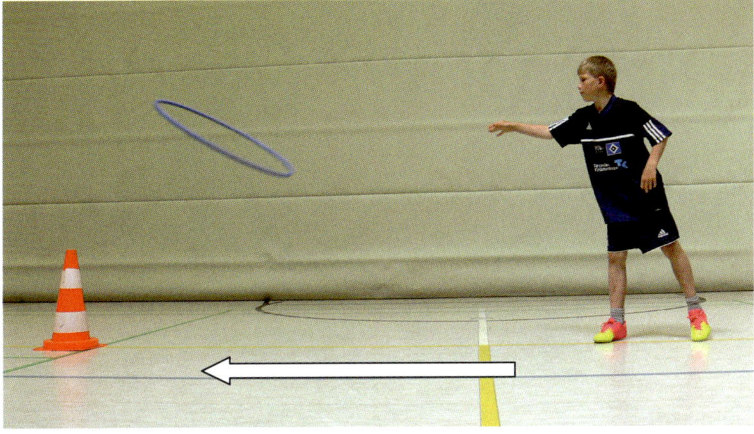

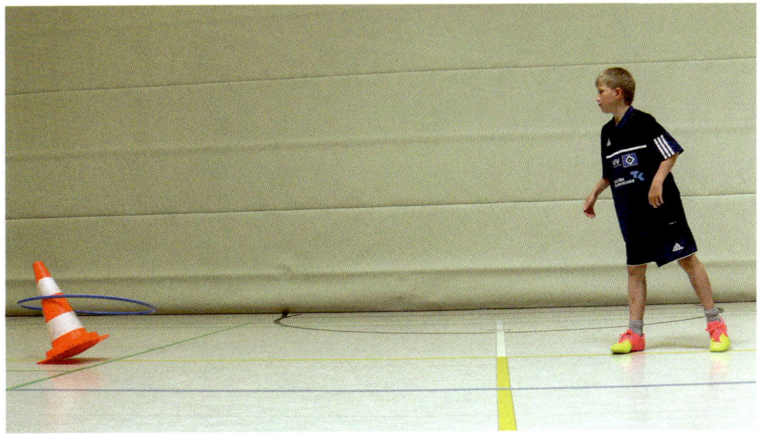

Mit einem Reifen auf ein in 4 bis 6 m Entfernung stehendes Hütchen werfen. Der Reifen muss um das Hütchen liegen bleiben.

Variationen

- Entfernung vergrößern  II
- Mit geschlossenen Augen  III
- Ausgangsstellung verändern (Hockposition, im Sitzen, aus der Drehbewegung) 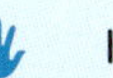 III

13

Präzisionsdruck

II
Einzel

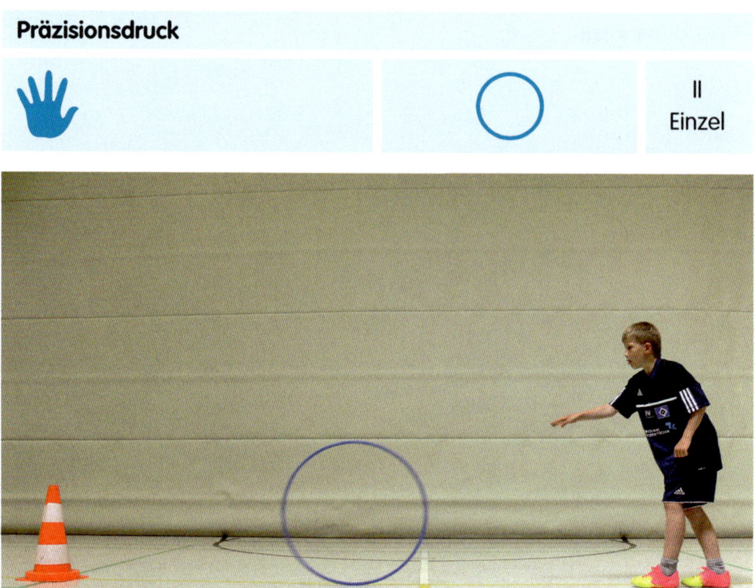

Mit einem rollenden Reifen ein in ca. 4 bis 5 m Entfernung stehendes Hütchen treffen.

Variationen

- Entfernung vergrößern III
- Mit geschlossenen Augen III
- Beidseitigkeit III

14 Präzisionsdruck

		I Einzel

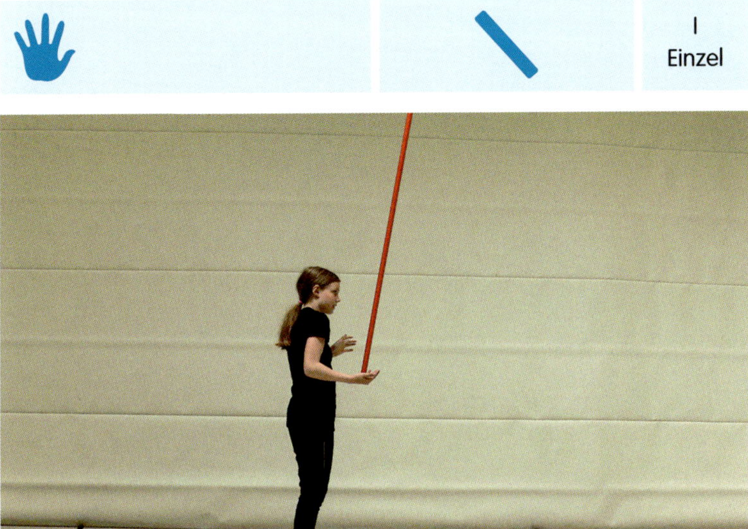

Den Stab senkrecht auf der rechten Handinnenfläche balancieren.

Variationen

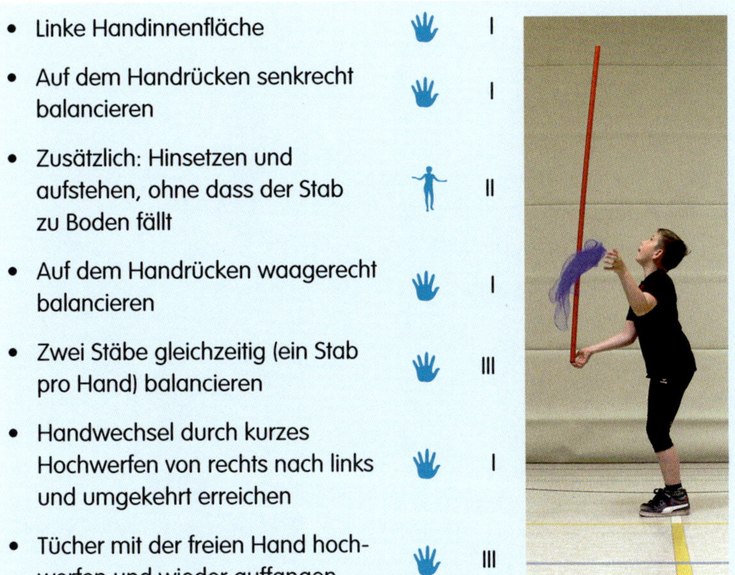

- Linke Handinnenfläche — I
- Auf dem Handrücken senkrecht balancieren — I
- Zusätzlich: Hinsetzen und aufstehen, ohne dass der Stab zu Boden fällt — II
- Auf dem Handrücken waagerecht balancieren — I
- Zwei Stäbe gleichzeitig (ein Stab pro Hand) balancieren — III
- Handwechsel durch kurzes Hochwerfen von rechts nach links und umgekehrt erreichen — I
- Tücher mit der freien Hand hochwerfen und wieder auffangen — III

15

Präzisionsdruck

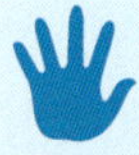	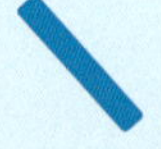	I Einzel

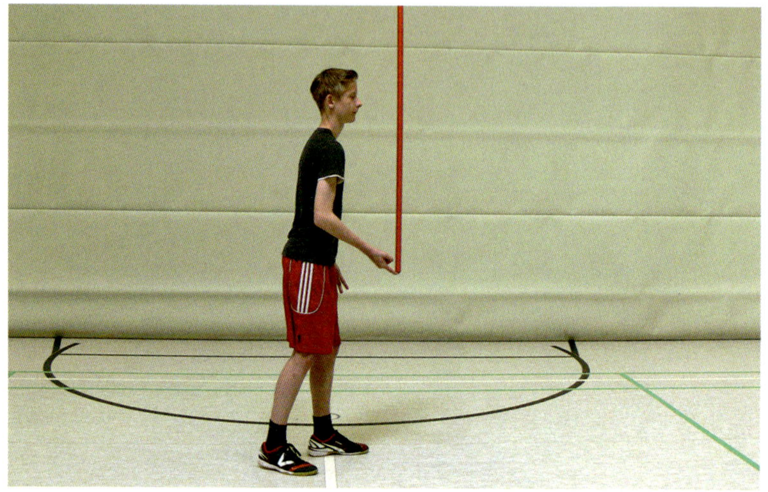

Den Stab senkrecht auf einem Finger der rechten Hand balancieren.

Variationen

- Finger der linken Hand  I
- Zusätzlich: Hinsetzen und aufstehen, ohne dass der Stab zu Boden fällt 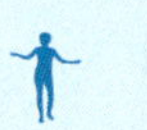 II
- Stab waagerecht auf einem Finger balancieren 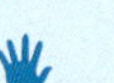 II
- Zwei Stäbe gleichzeitig (ein Stab pro Hand) balancieren 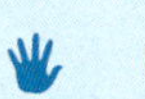 III
- Gleichzeitig eine Frisbee-Scheibe auf dem Kopf balancieren  III

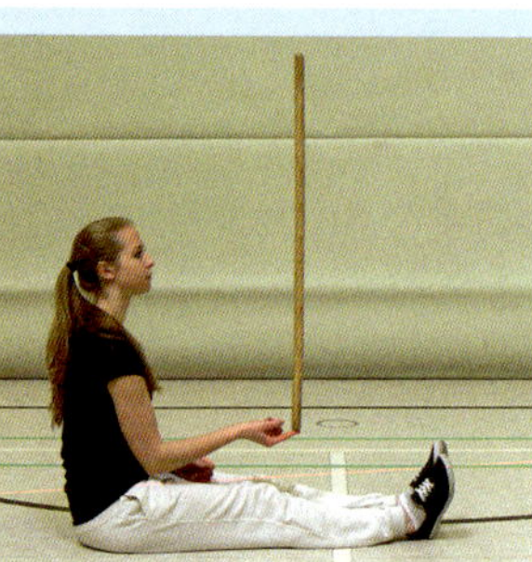

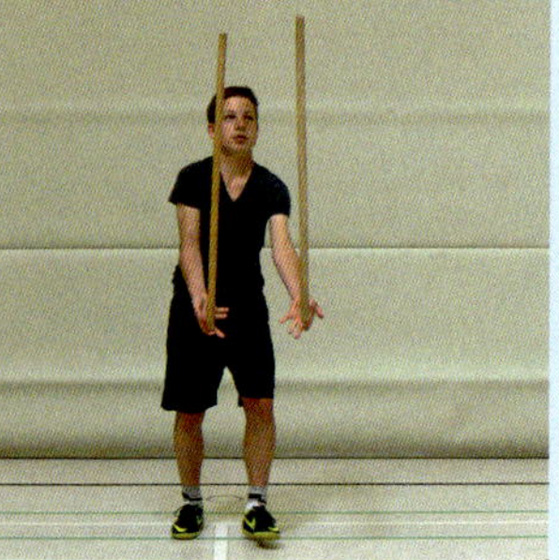

16

Präzisionsdruck

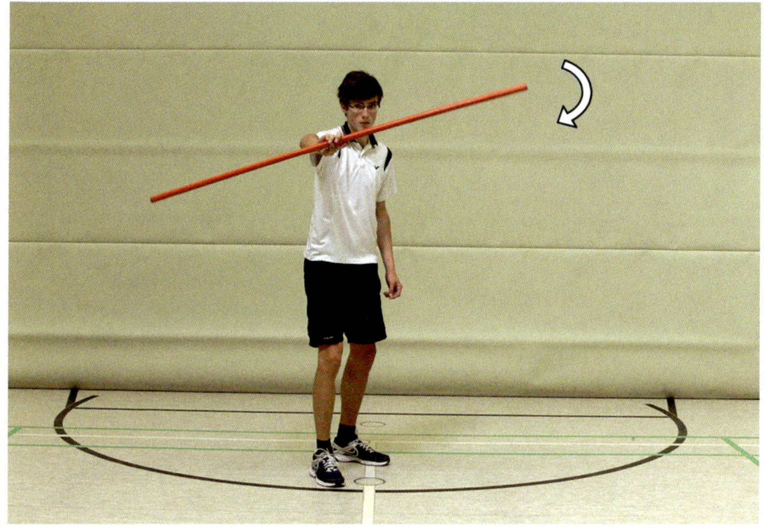

Propeller: Den Stab einhändig horizontal mit der rechten Hand in der Mitte fassen und durch Griffwechsel in Drehung um die Querachse versetzen.

Variationen

- Mit linker Hand 

- Im Reifen stehen und sich dabei auf einem Bein hüpfend drehen III

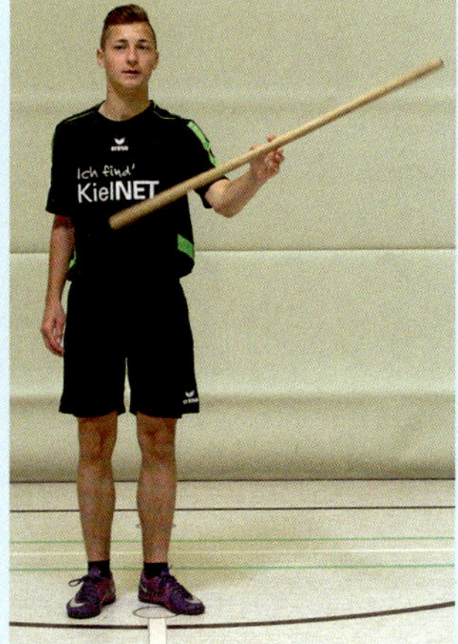

17

Präzisionsdruck

		I Partner

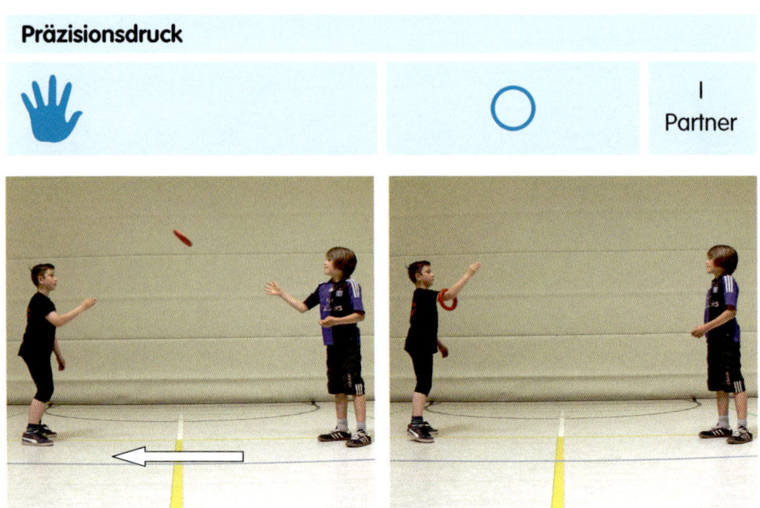

Einen Tennisring wie eine Frisbee-Scheibe zum Partner werfen. Fangen des Tennisringes durch Aufstreifen auf den Unterarm.

Variationen

- Mit rechter und linker Hand (werfen und fangen) I
- Fänger steht mit dem Rücken zum Werfer im Reifen, dreht sich auf Signal um und fängt den Tennisring. Hierbei darf der Reifen nicht verlassen werden. Abstand zum Werfer mindestens drei Meter II

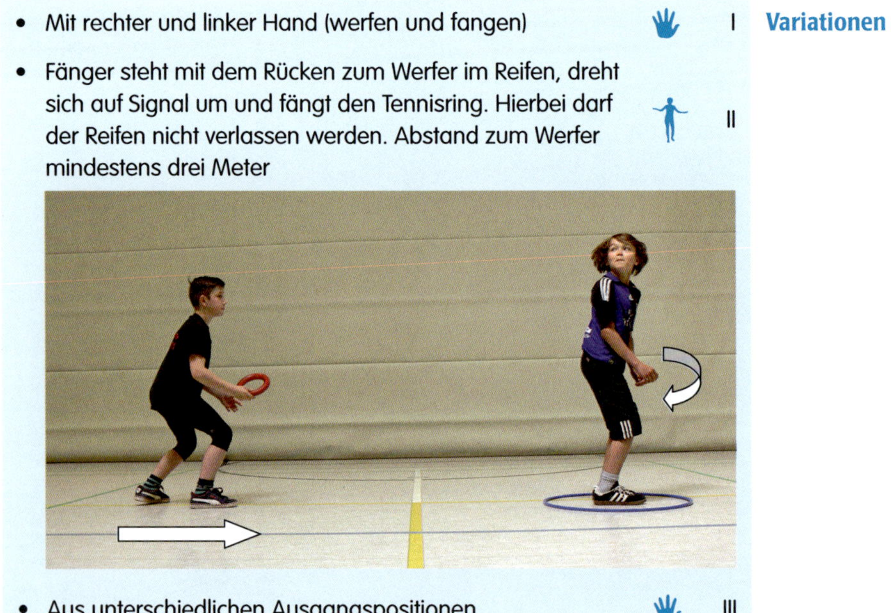

- Aus unterschiedlichen Ausgangspositionen III

18 Präzisionsdruck

Komplexität – Präzision

II
Einzel

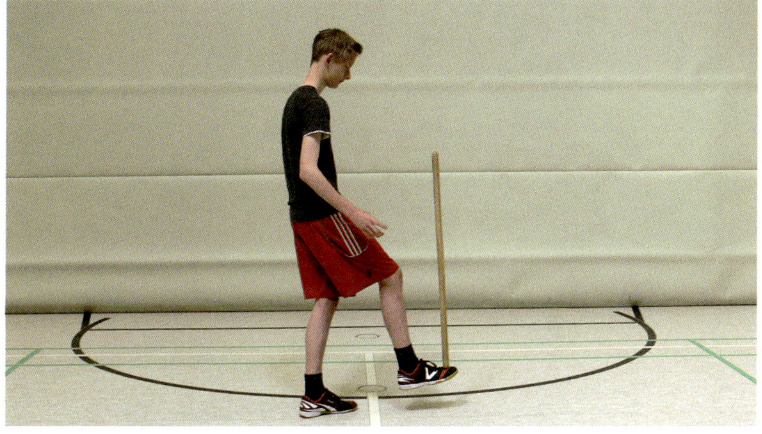

Den Stab senkrecht auf dem rechten Fuß balancieren.

Variationen

- Auf dem linken Fuß  II
- Waagerecht auf dem Fuß balancieren  II
- Den Stab vom Fuß hochkicken und mit einer Hand auffangen  III
- Gleichzeitig die Hände hinter dem Rücken zusammenklatschen  III
- Klatschrhythmen (überkopf, vor der Brust, hinter dem Rücken) 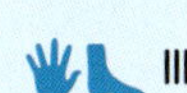 III

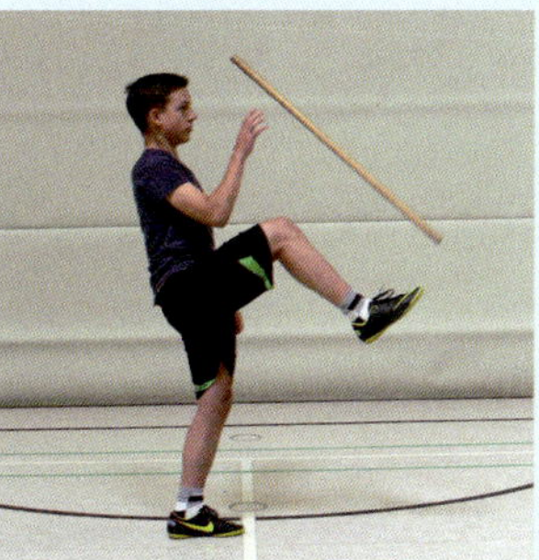

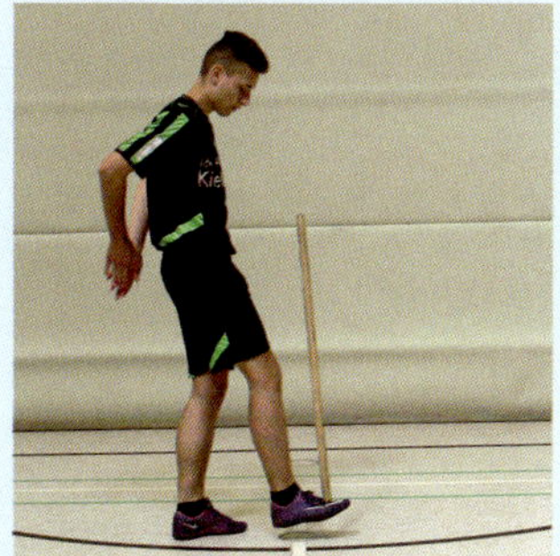

19

Präzisionsdruck Organisation – Präzision

II
Einzel

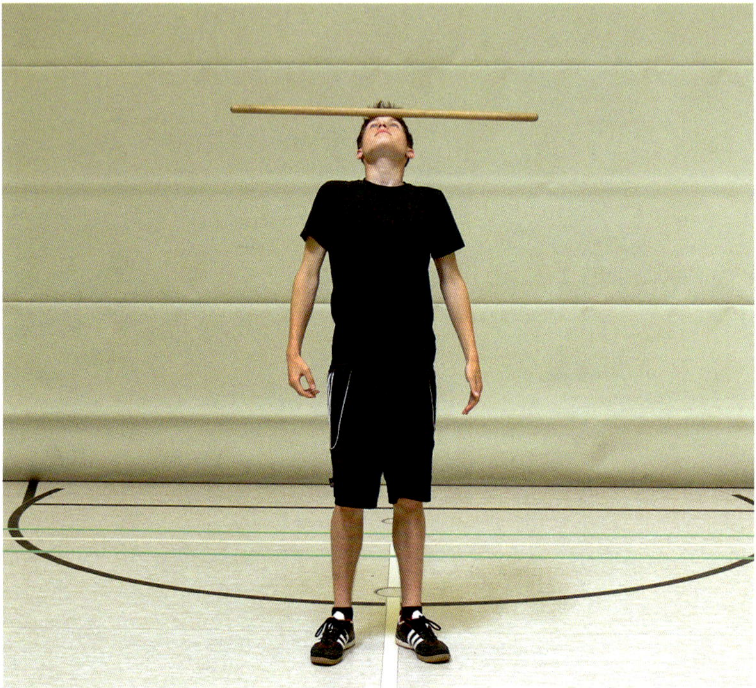

Den Stab waagerecht auf dem Kopf balancieren.

Variationen

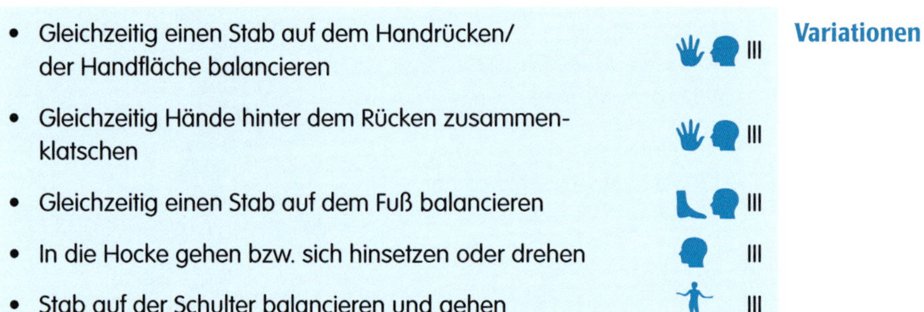

- Gleichzeitig einen Stab auf dem Handrücken/der Handfläche balancieren III
- Gleichzeitig Hände hinter dem Rücken zusammenklatschen III
- Gleichzeitig einen Stab auf dem Fuß balancieren III
- In die Hocke gehen bzw. sich hinsetzen oder drehen III
- Stab auf der Schulter balancieren und gehen III

20

Präzisionsdruck Organisation – Präzision

I
Einzel

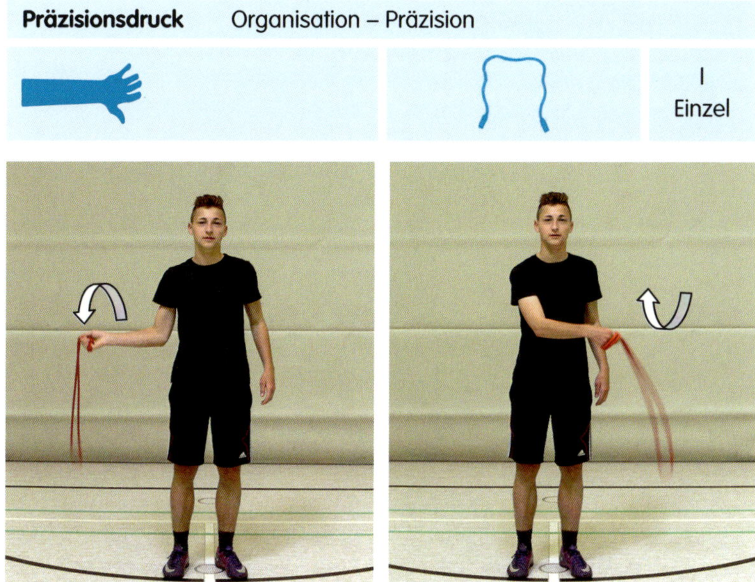

Achterschwung: Das Seil wird auf der einen Seite seitlich (sagittal) vorwärts geschwungen. Wenn das Seil von oben nach unten schwingt, wird das Seil vor dem Körper auf die andere Seite geführt. Nach einer Umdrehung wird das Seil zurückgeführt.

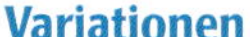

Variationen

- Rückwärts — I
- Mit rechtem und linkem Arm — II
- „Achterschwung" mit Reifen — II
- Zusätzlich Beine: Hampelmann, Skilaufen, auf einem Bein — III
- Vor und hinter dem Körper (frontal und dorsal) — III

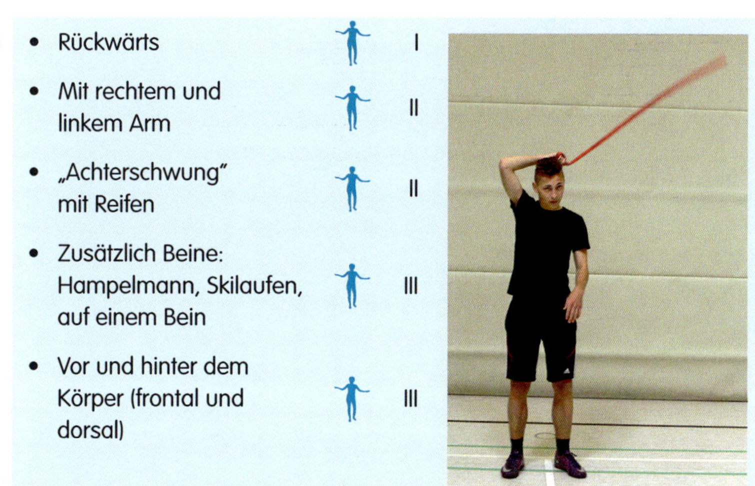

21

Präzisionsdruck Organisation – Präzision

		I Einzel

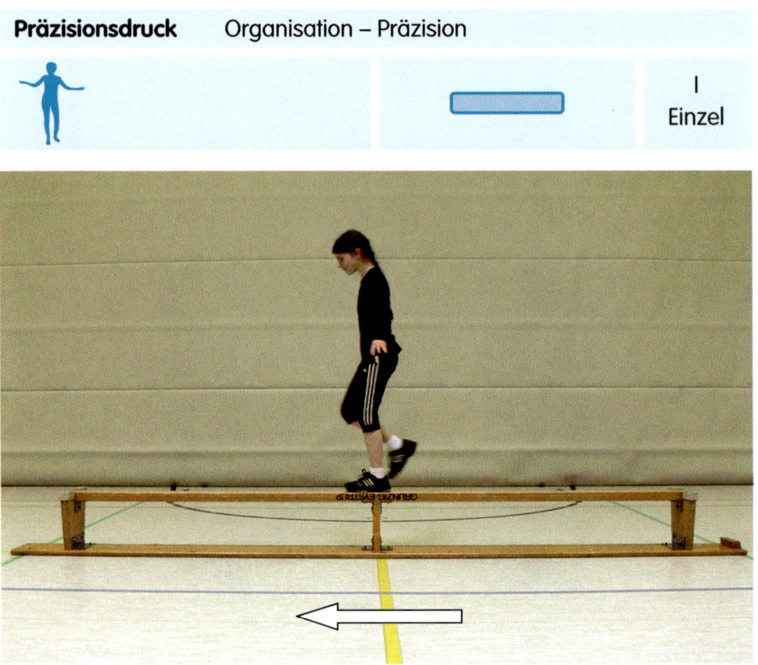

Vorwärts über eine umgedrehte Bank balancieren.

Variationen

• Auf allen Vieren	I
• Rückwärts	II
• Wechsel zwischen vorwärts und rückwärts	II
• 360°-Drehung in der Mitte der Bank	II
• Zusätzlich Tücher hochwerfen und fangen	II
• Zusätzliche Armbewegung: Hampelmann	II
• Über Hütchen und Keulen balancieren	II
• Mit geschlossenen Augen	III
• Zusätzlich Reifendrehen um Arm/Hüfte	III
• Zusätzlich Stab balancieren	III
• Seitwärts fortbewegen und dabei überkreuzen die Beine (vorne und hinten)	III

22 Präzisionsdruck

Organisation – Präzision

I Einzel

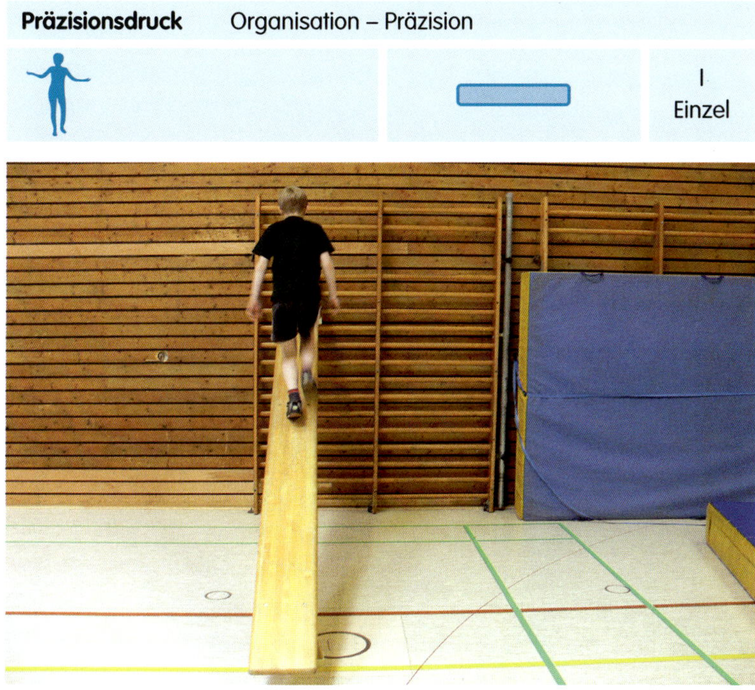

Die Bank in eine Sprossenwand einhängen und vorwärts aufwärts und abwärts balancieren (ggf. Matten zur Sicherung einbeziehen).

Variationen

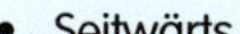

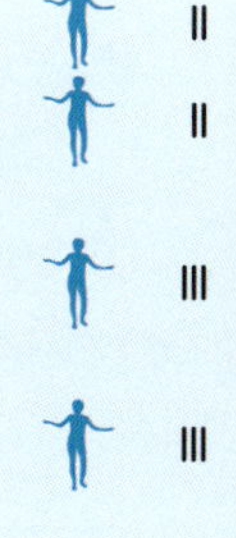

- Seitwärts — II
- Rückwärts — II
- Zusätzlich einen Reifen um den Arm drehen (vgl. Übungen mit Reifen) — III
- Bank umklettern — III

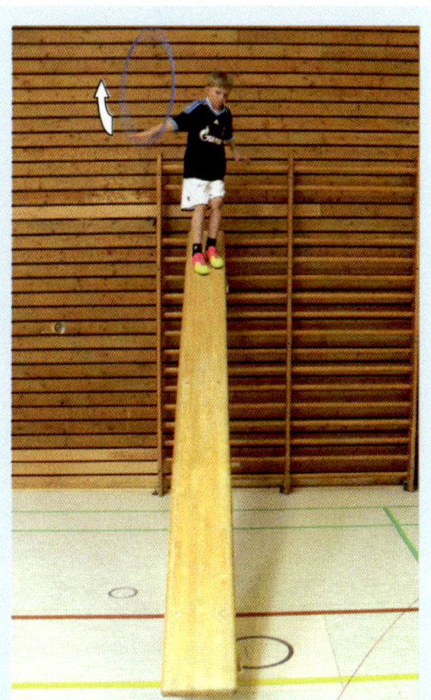

23

Präzisionsdruck Organisation – Präzision

I
Einzel

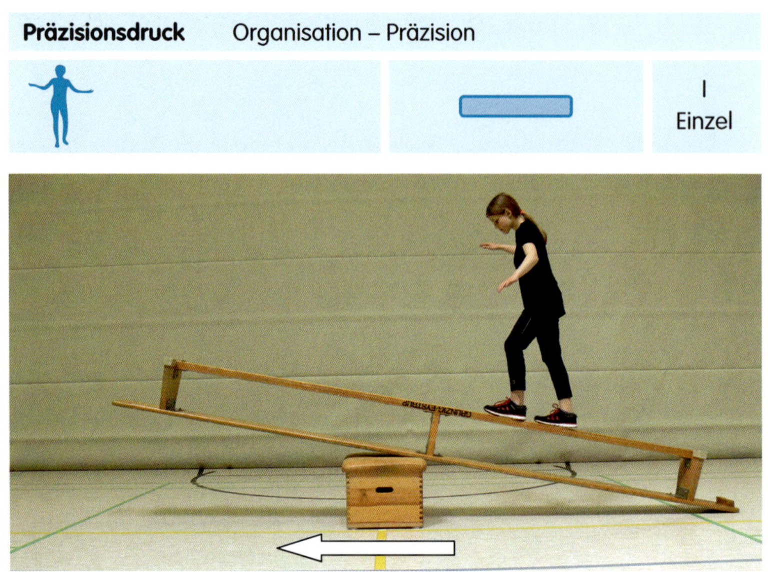

Eine umgedrehte Bank über einen kleinen Kasten legen. Vorwärts langsam über die Bank balancieren und die Bank dabei kontrolliert kippen lassen.

Alternative zu kleinen Kasten: Kastenoberteil, Bank.

Variationen

- Auf allen Vieren I

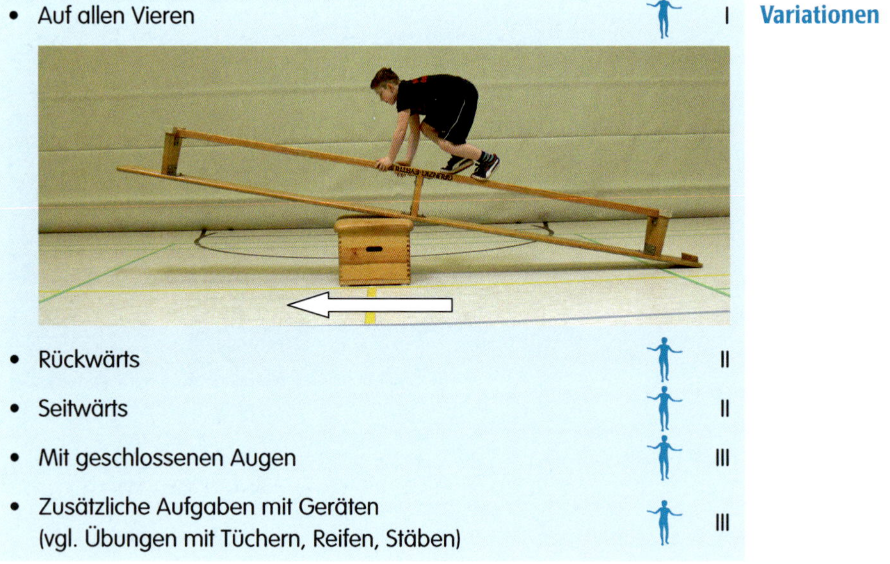

- Rückwärts II
- Seitwärts II
- Mit geschlossenen Augen III
- Zusätzliche Aufgaben mit Geräten (vgl. Übungen mit Tüchern, Reifen, Stäben) III

24

Präzisionsdruck Organisation – Präzision

II
Einzel

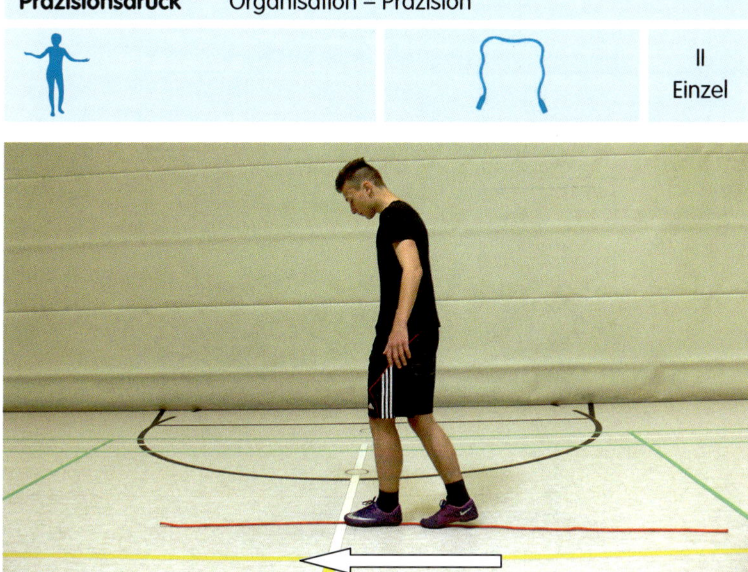

Ein Seil flach auf den Boden legen und auf diesem vorwärts balancieren.

Variationen

- Zusätzlich Frisbee-Scheibe auf dem Kopf balancieren — II
- Rückwärts — II
- Mit geschlossenen Augen — III
- Arme eng am Körper — III
- Zusätzlich Tuch hochwerfen und fangen — III
- Zusätzlich Reifen am Arm drehen (1 oder 2) — III

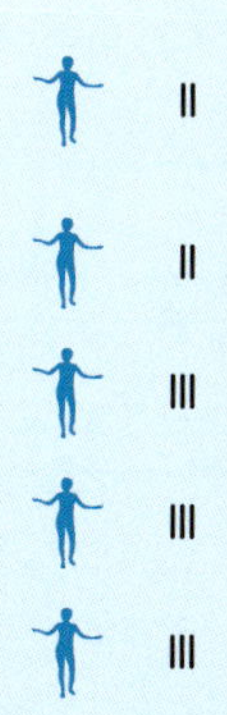

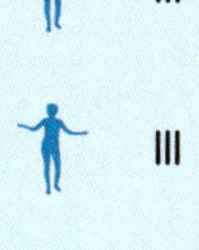

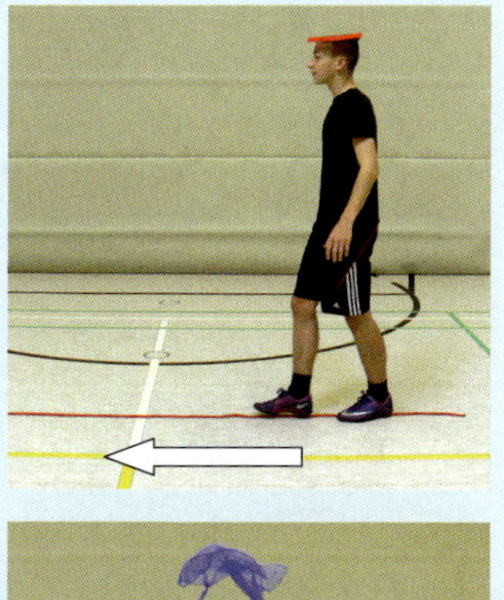

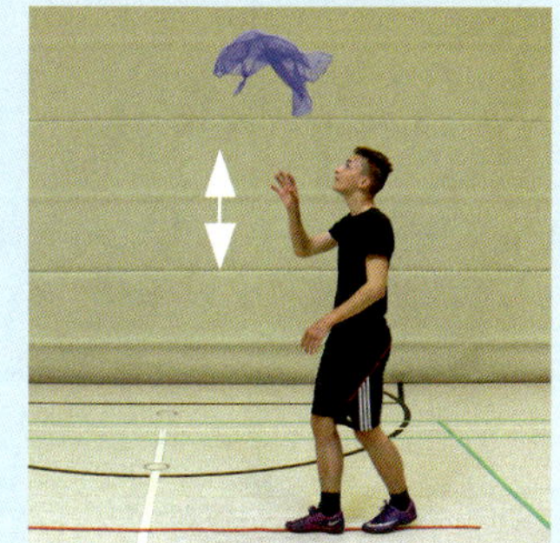

25

Präzisionsdruck Komplexität – Präzision

I
Partner

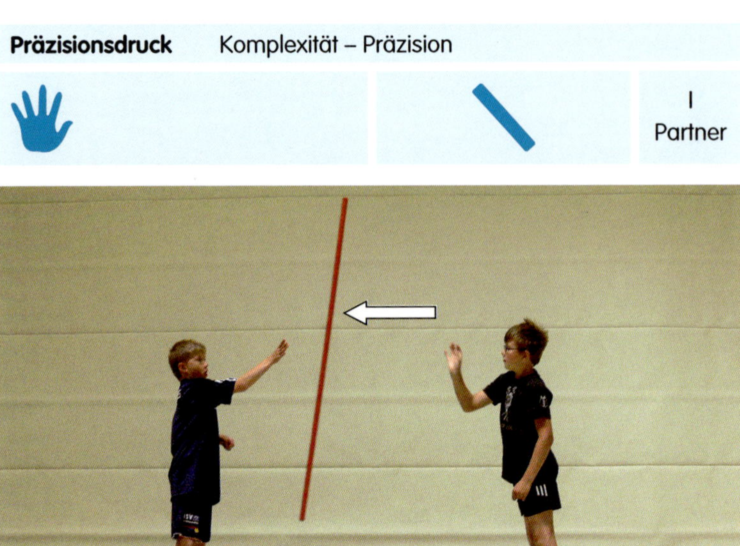

Zwei Partner stehen sich gegenüber. Ein Partner hat einen Stab senkrecht in der rechten Hand, und wirft diesen dem anderen Partner zu, der mit der rechten Hand fängt.

Variationen

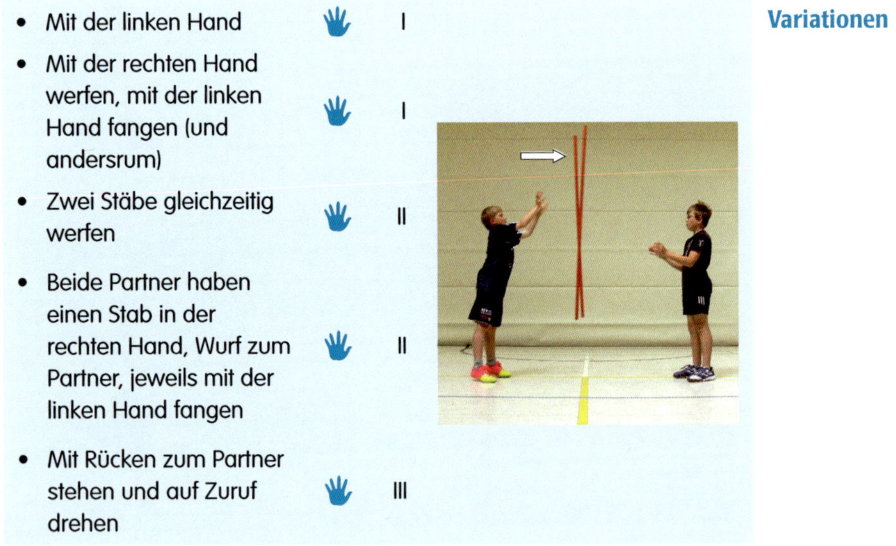

- Mit der linken Hand — I
- Mit der rechten Hand werfen, mit der linken Hand fangen (und andersrum) — I
- Zwei Stäbe gleichzeitig werfen — II
- Beide Partner haben einen Stab in der rechten Hand, Wurf zum Partner, jeweils mit der linken Hand fangen — II
- Mit Rücken zum Partner stehen und auf Zuruf drehen — III

26

Präzisionsdruck Komplexität – Präzision

II
Einzel

Reifenbahn: OOOOOOOO Alle blauen Reifen mit einem Kontakt und alle anderen Reifen mit zwei Kontakten durchlaufen.

Variationen

- Vielfältige Aufgabenstellungen mit Farben und unterschiedlichen Sprungvarianten (vgl. Übungen Koordinationsleiter) möglich 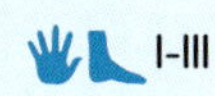 I-III
- Andere Formationen von Reifenbahnen: O O O O
  O O O O
- Die Reifen auf zwei parallel gestellte Turnbänke legen 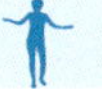 II

27

Präzisionsdruck Komplexität – Präzision

II
Einzel

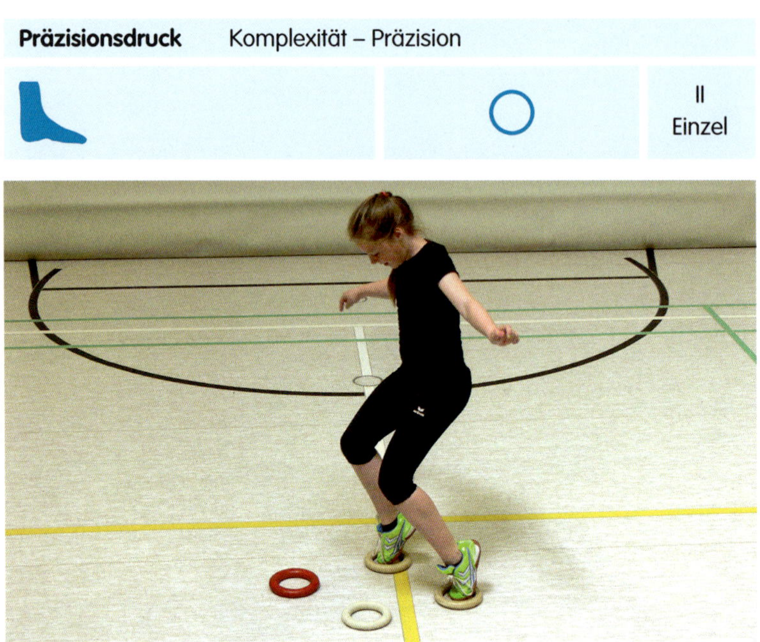

Am Boden liegen Tennisringe versetzt hintereinander. Die Füße sollen abwechselnd mit der Fußspitze so in die Mitte des Ringes gesetzt werden, dass sie die Tennisringe nicht berühren.

Variationen

- Die Ferse in den Ring setzen II
- In 10 Sekunden möglichst oft durch die Tennisringe II
- Abwechselnd: Ferse/Spitze, rechts/links II
- Zusätzliche Armbewegungen: Hampelmann II

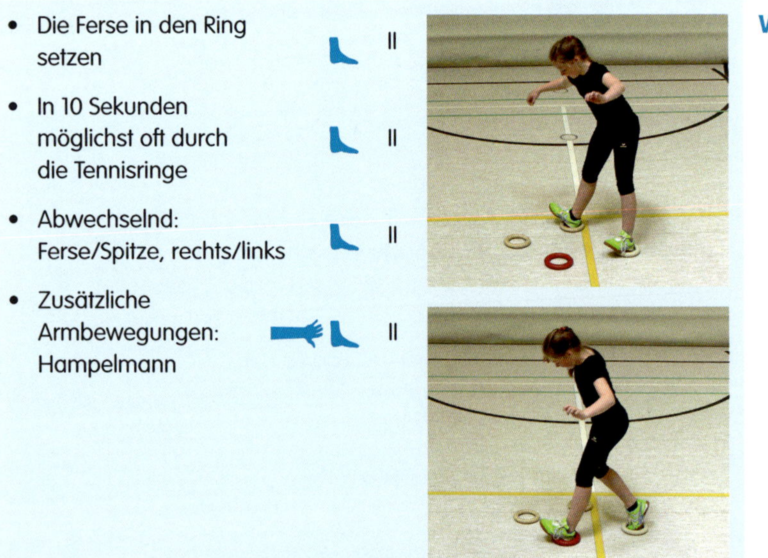

28 **Präzisionsdruck** Komplexität – Präzision

II
Einzel

Ein Tennisring liegt am Boden. Den Tennisring mit dem Fußrücken so hochziehen, dass er über dem Fuß hängt. Den Fuß schnell anheben und den Tennisring nach oben katapultieren. Danach mit einer oder beiden Händen fangen.

Variationen

- Mit rechtem und linkem Fuß (werfen und fangen)  II
- Nach dem Fußkontakt Zusatzaufgaben verrichten (z. B. Hände Bodenkontakt, 360°-Drehung)  III
- Den Tennisring über den Kopf nach hinten katapultieren  II

29

Präzisionsdruck Komplexität – Präzision

I
Einzel

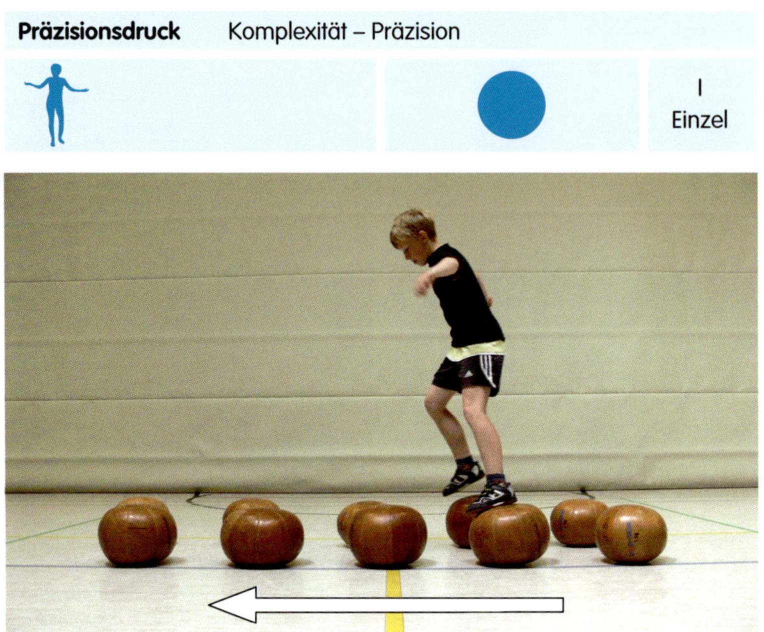

Zehn Medizinbälle werden aufgebaut: Fünf Medizinbälle pro Reihe. Vorwärts über die Medizinbälle balancieren, ohne den Boden zu berühren.

Variationen

- Rückwärts II
- Zu zweit, von unterschiedlichen Seiten starten und aneinander vorbei auf die andere Seite gelangen II

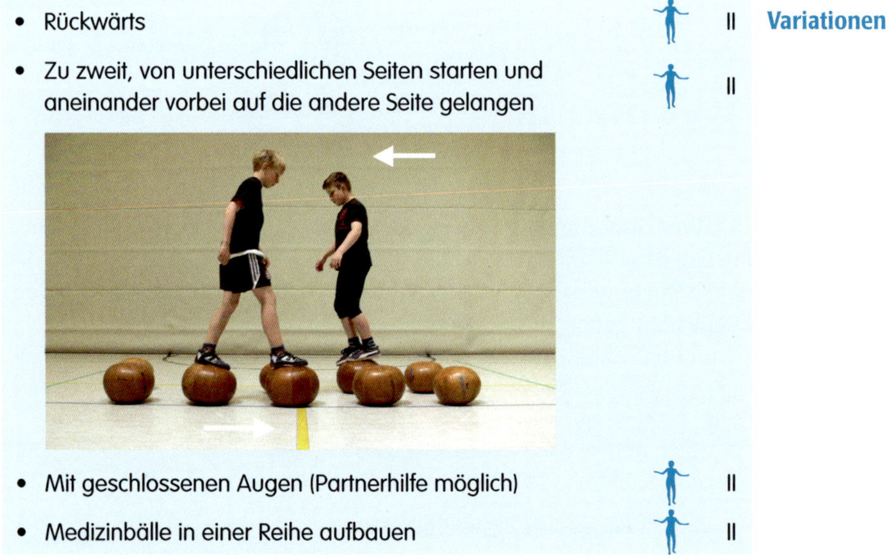

- Mit geschlossenen Augen (Partnerhilfe möglich) II
- Medizinbälle in einer Reihe aufbauen II

30

Präzisionsdruck Komplexität – Präzision

II
Einzel

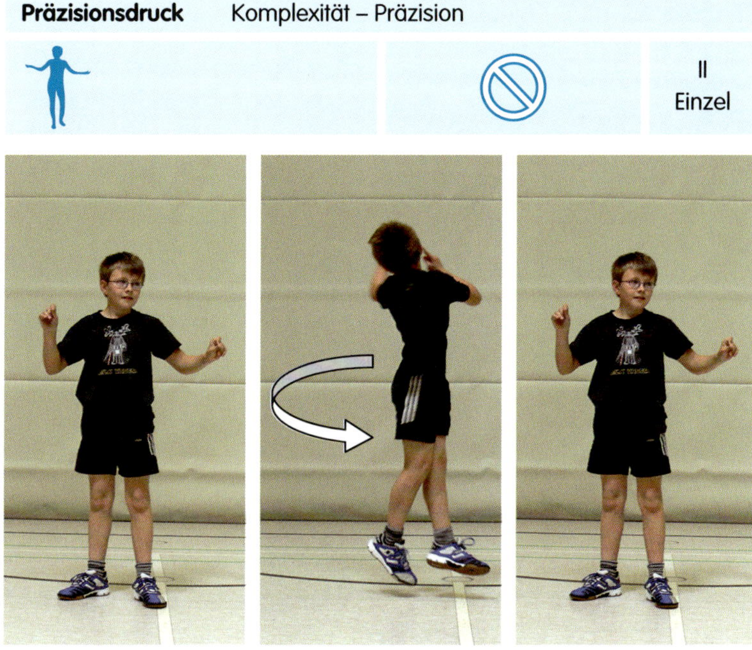

Aus dem Stand einen Strecksprung mit 360°-Drehung in den Stand durchführen.

Variationen

- Mit geschlossenen Augen III
- Zuerst eine Rolle vorwärts in den Stand und dann einen Strecksprung mit 360°-Drehung in den Stand III
- Auf einem Bein III
- Arme in Tief-, Seit- oder Hochhalte III

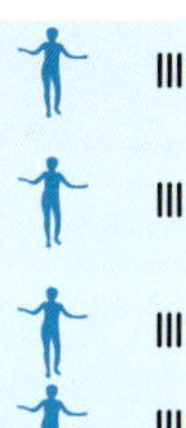

31

Präzisionsdruck Komplexität – Präzision

II
Einzel

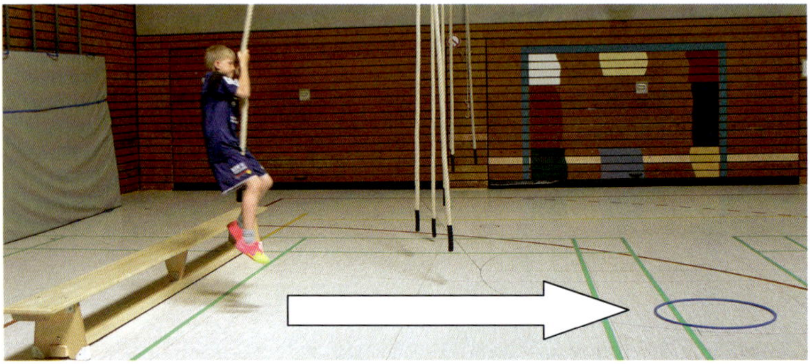

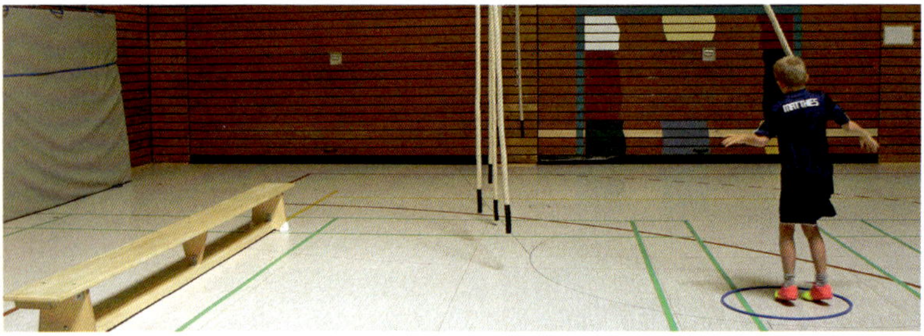

Von einer Bank mit einem Tau schwingen und in einem Reifen landen. Alternative zu der Bank und dem Reifen: Kasten, Kastenoberteil.

Variationen

- Von einer Bank schwingen und während des Schwunges ein Tuch vom Boden aufnehmen — III

a) mit der Hand b) mit dem Fuß

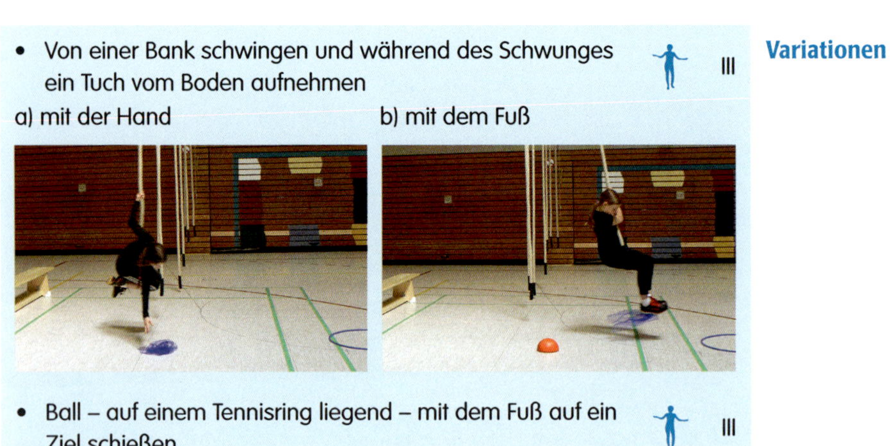

- Ball – auf einem Tennisring liegend – mit dem Fuß auf ein Ziel schießen — III

32 Komplexität – Präzision

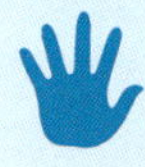

I
Einzel

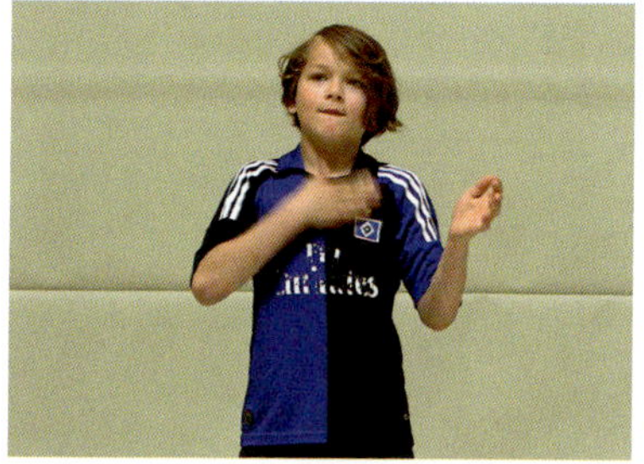

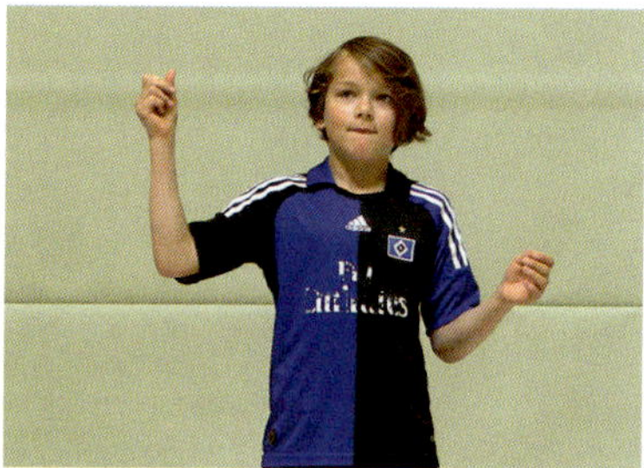

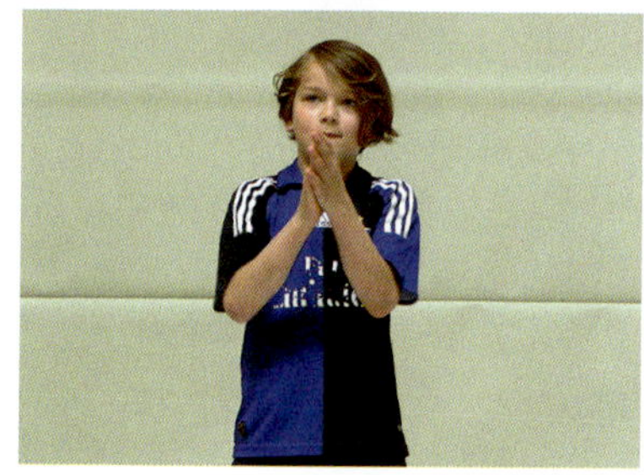

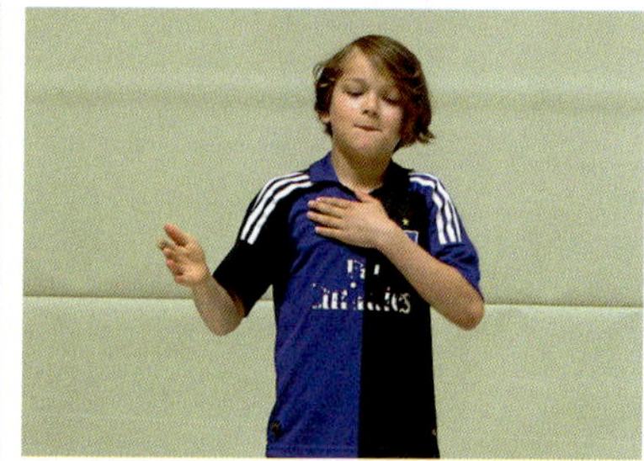

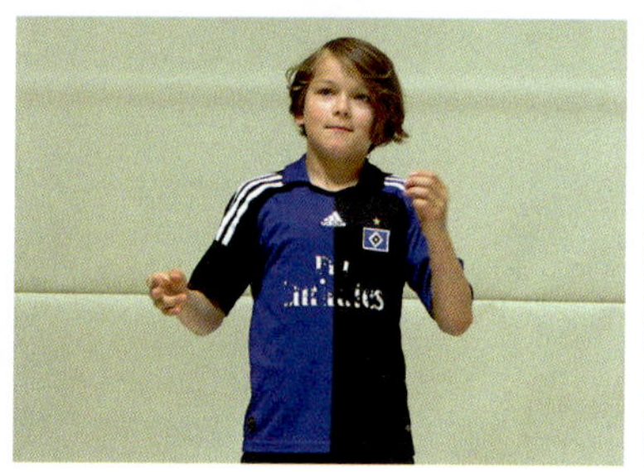

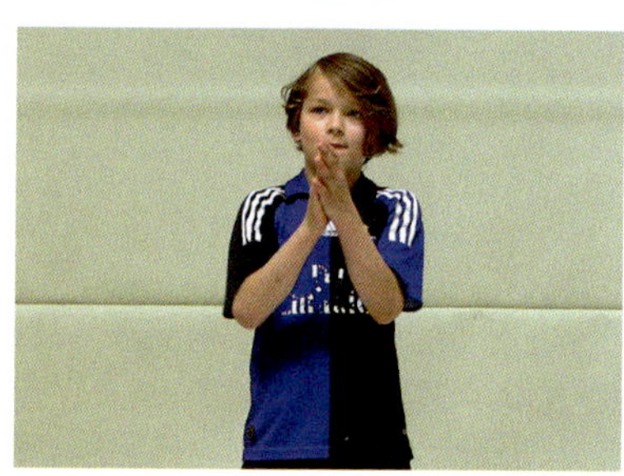

Abfolge: Mit flacher rechter Hand leicht auf den Brustkorb schlagen, Fingerschnipsen mit der rechten Hand, zweimal in beide Hände klatschen, mit flacher linker Hand leicht auf den Brustkorb schlagen, Fingerschnipsen mit der linken Hand, zweimal in beide Hände klatschen usw.

Variationen

- Abfolge ergänzen durch Einbeinstand: In der Luft eine Acht nachfahren (rechtes und linkes Bein) 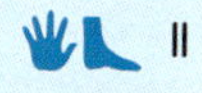 II
- Veränderung der Handbewegung (z. B. auf den Kopf tippen oder den Fuß berühren) 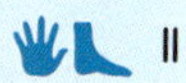 II

33

Komplexität – Präzision

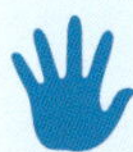

I
Partner

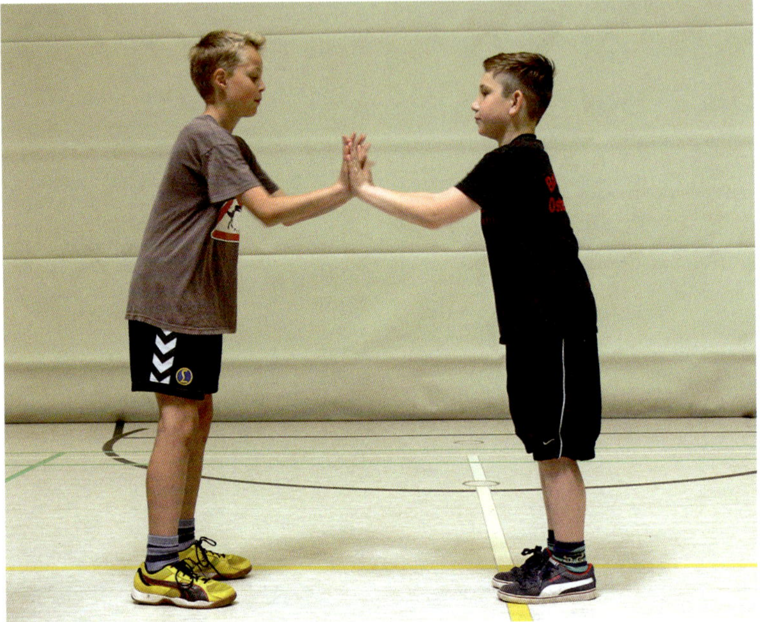

Zwei Partner stehen sich gegenüber. Klatschabfolge mit den Händen:

1. Klatschen in eigene Hände
2. Rechte Hand gegen rechte Hand des Partners
3. Klatschen in eigene Hände
4. Linke Hand gegen linke Hand des Partners
5. Klatschen in eigene Hände
6. Parallel mit beiden Händen in parallele Hände des Partners klatschen
7. Gekreuzte Hände in gekreuzte Hände des Partners klatschen usw.

Variationen

- Wenn sich die Hände treffen: Füße oder Knie zusammenbringen 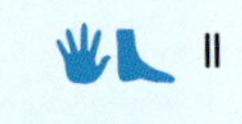 II
- Wenn die linken Hände zusammenklatschen, dann gleichzeitig mit den rechten Füßen auf den Boden stampfen (und umgekehrt) 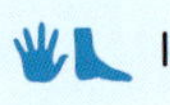 II

34 Komplexität – Präzision

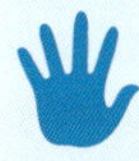		I Einzel

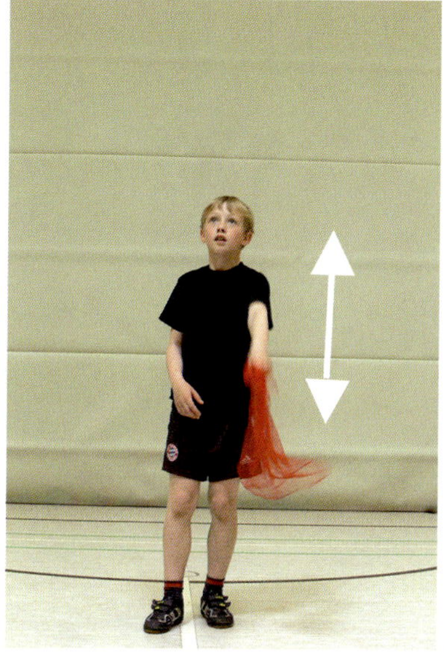

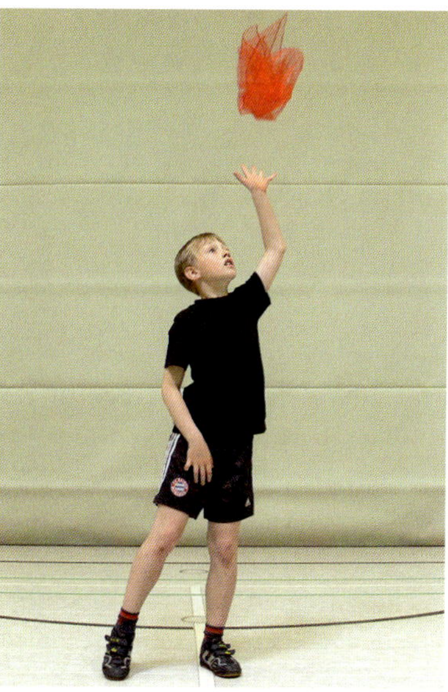

Ein Tuch mit der linken Hand hochwerfen und mit der linken Hand wieder auffangen.

Variationen

• Mit rechter Hand	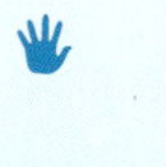	I
• Mit rechter Hand hochwerfen und mit linker Hand auffangen (bzw. gegengleich)	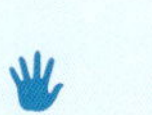	I
• Aus dem Sitzen hochwerfen und im Stehen fangen	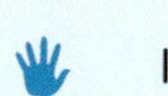	II
• Vor dem Fangen in die Hocke gehen; 360°-Drehung; zur Wand und wieder zurück laufen (Tücher im Stehen fangen)	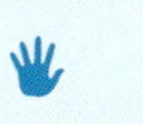	II

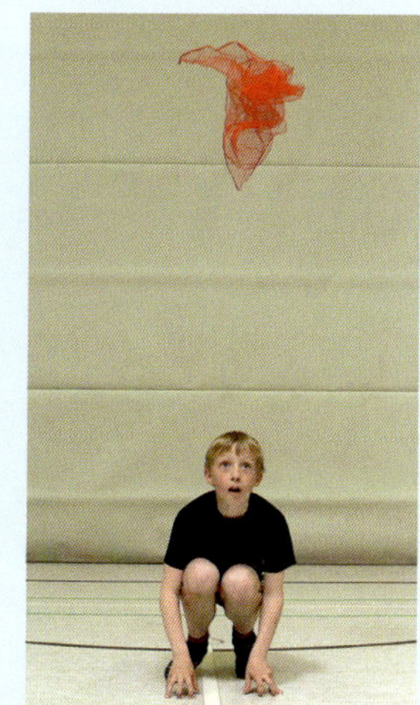

35

Komplexität – Zeit & Präzision Organisation – Zeit & Präzision

I
Partner

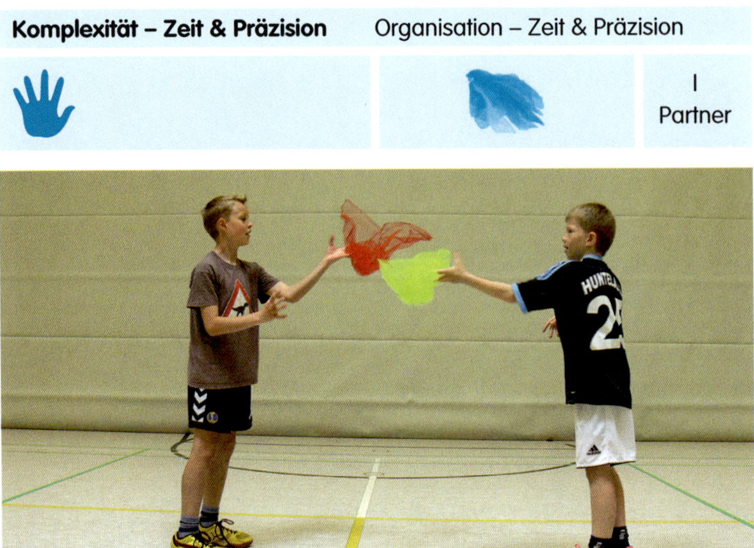

Zwei Partner stehen sich gegenüber und haben jeweils ein Tuch in der Hand. Die Tücher werden einander zugeworfen und gefangen (rechte Hand wirft, linke Hand fängt).

Variationen

- Linke Hand wirft, rechte Hand fängt — I
- Anzahl der Tücher erhöhen, die nacheinander geworfen bzw. gefangen werden sollen — II
- Zwei Tücher gleichzeitig werfen und fangen — II
- Vor dem Fangen Zusatzaufgaben vollziehen: In die Hocke gehen; 360°-Drehung; zur Wand und wieder zurück laufen (Tücher im Stehen fangen) — II

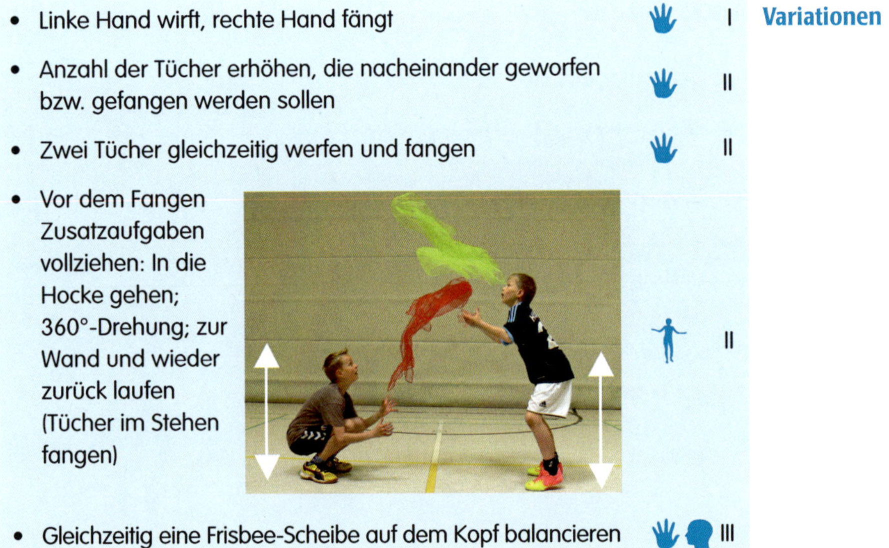

- Gleichzeitig eine Frisbee-Scheibe auf dem Kopf balancieren — III

36

Komplexität – Präzision Organisation – Präzision

I
Einzel

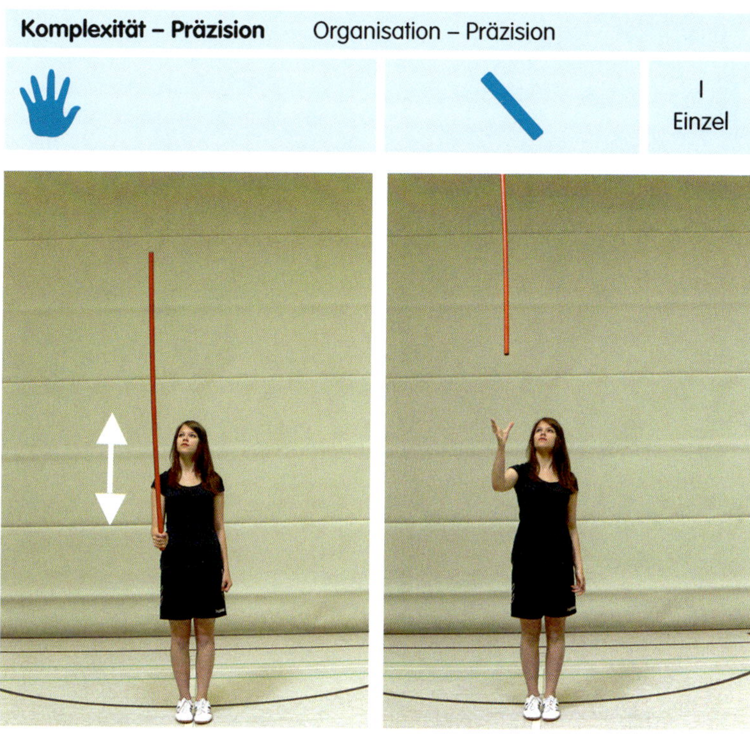

Den Stab mit der rechten Hand am unteren Ende fassen, senkrecht hochwerfen und am unteren Ende mit der rechten Hand wieder auffangen.

Variationen

- Mit linker Hand ausführen — I
- Mit rechter Hand hochwerfen und mit linker Hand fangen (bzw. andere Reihenfolge) — II
- Am oberen Ende wieder auffangen — II
- Vor dem Fangen in die Hände klatschen; 360°-Drehung; hinsetzen — III
- Mit zwei Stäben — III

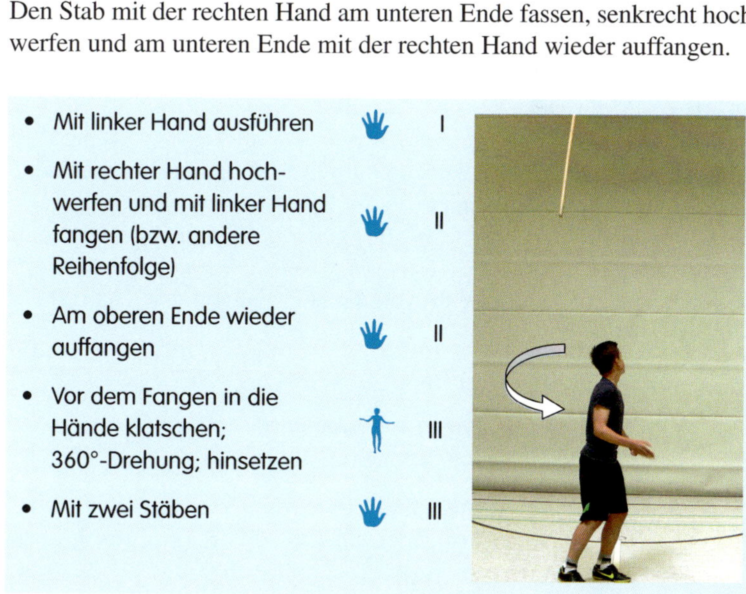

37

Komplexität – Präzision

I
Einzel

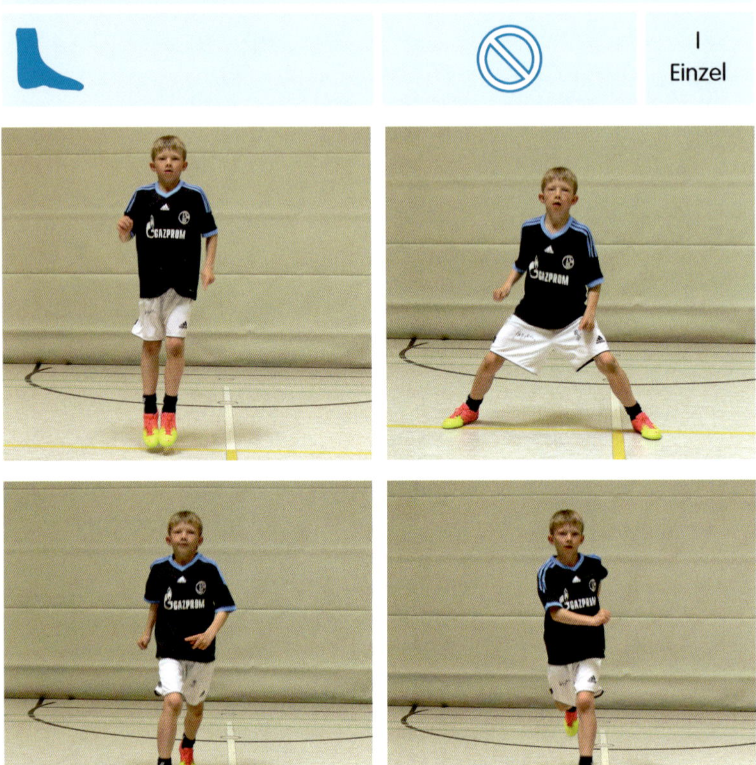

Abfolge:

1. Aus dem geschlossenen Stand: Grätschen der Beine (Hampelmann-Beine) und Beine zusammen
2. Schrittstellung (rechter Fuß vor, linker Fuß zurück) und Beine zusammen
3. Schrittstellung (linker Fuß vor, rechter Fuß zurück) und Beine zusammen usw.

Variationen

- Zusätzliche Armbewegungen: Hampelmann, Skilanglauf, synchrones/gegengleiches Armkreisen — II
- Mit links-rechts bzw. rechts-links Überkreuzen der Beine oder mit Anfersen oder Spreizen oder Anhocken verbinden  II

38 Komplexität – Zeit

I
Partner

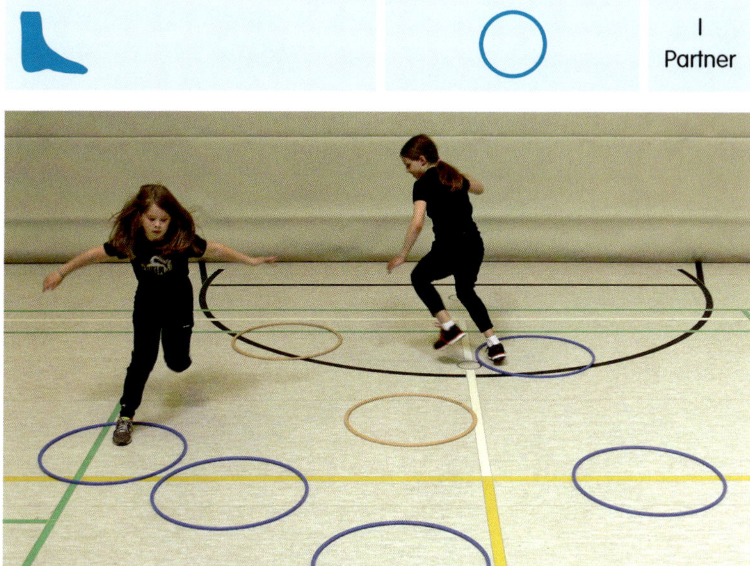

In einem Feld werden „ungeordnet“ Reifen ausgelegt (also mit Unregelmäßigkeiten und Sackgassen). Ein Partner läuft vor, der andere Partner muss schnell folgen.

Variationen

- Zusätzliche Armbewegungen (vgl. Übungen ohne Gerät) 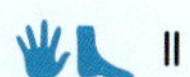 II
- 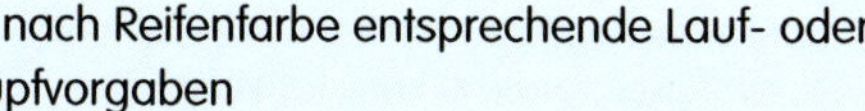 Je nach Reifenfarbe entsprechende Lauf- oder Hüpfvorgaben  II

39

Komplexität – Präzision

		II Einzel

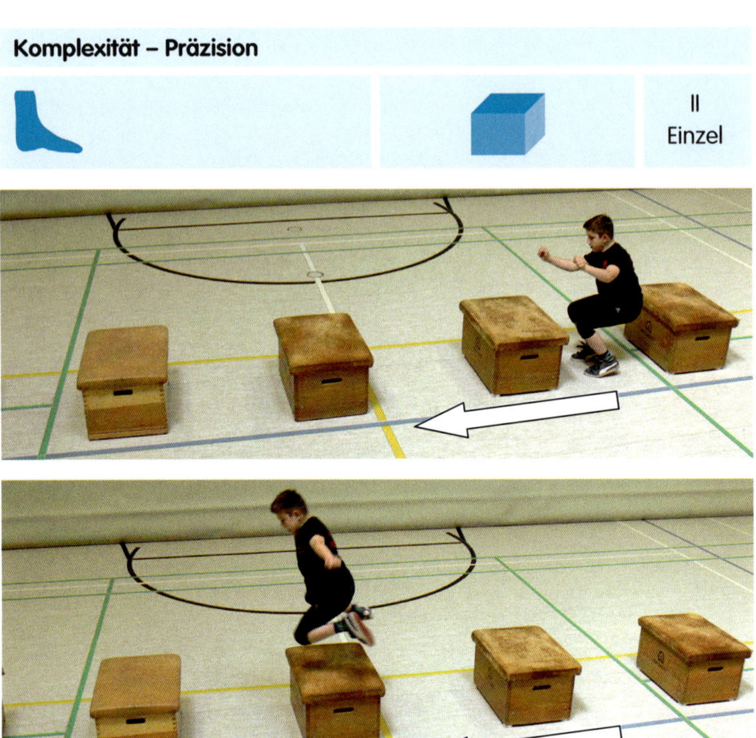

Fünf Kästen im Abstand von ein bis zwei Metern in einer Reihe aufstellen. Über die Kästen vorwärts mit Zwischensprung springen.

Variationen

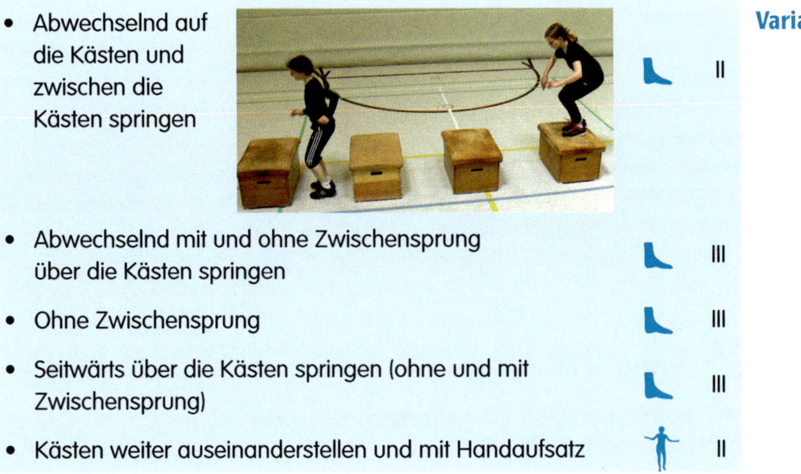

- Abwechselnd auf die Kästen und zwischen die Kästen springen — II
- Abwechselnd mit und ohne Zwischensprung über die Kästen springen — III
- Ohne Zwischensprung — III
- Seitwärts über die Kästen springen (ohne und mit Zwischensprung) — III
- Kästen weiter auseinanderstellen und mit Handaufsatz — II

40 Komplexität – Präzision

		I Einzel

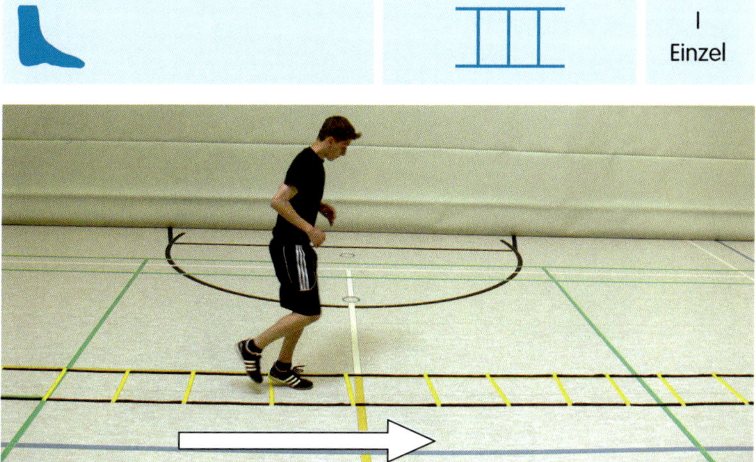

Vorwärts mit einem Bodenkontakt pro Feld durch die Leiter laufen.

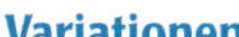

Variationen

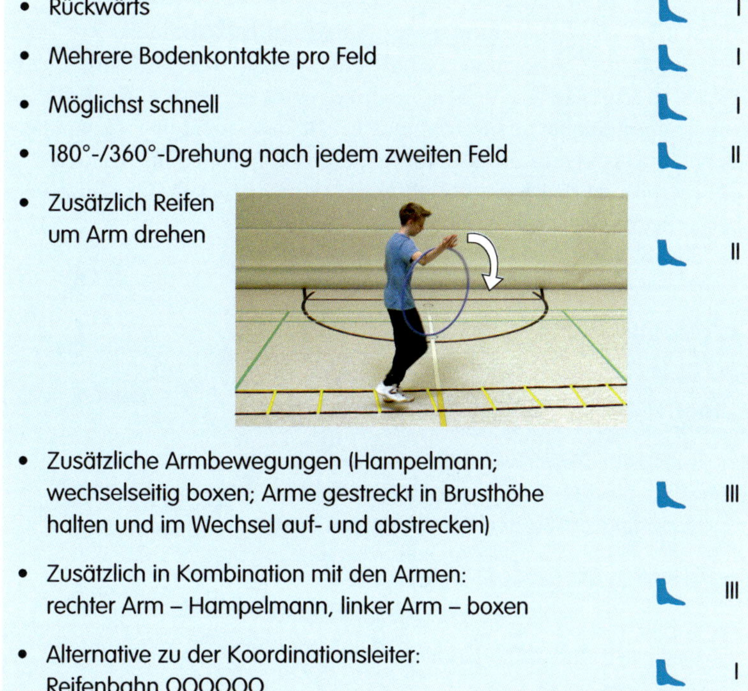

- Rückwärts — I
- Mehrere Bodenkontakte pro Feld — I
- Möglichst schnell — I
- 180°-/360°-Drehung nach jedem zweiten Feld — II
- Zusätzlich Reifen um Arm drehen — II
- Zusätzliche Armbewegungen (Hampelmann; wechselseitig boxen; Arme gestreckt in Brusthöhe halten und im Wechsel auf- und abstrecken) — III
- Zusätzlich in Kombination mit den Armen: rechter Arm – Hampelmann, linker Arm – boxen — III
- Alternative zu der Koordinationsleiter: Reifenbahn OOOOOO — I

41

Komplexität – Präzision

I
Einzel

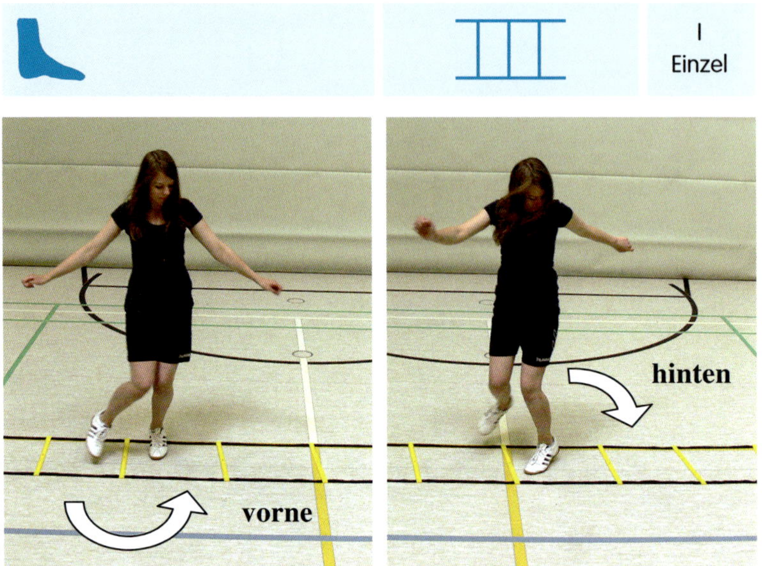

Übersteiger seitwärts: Seitlich laufen und ein Bodenkontakt pro Feld. Dabei überkreuzt der hintere Fuß abwechselnd vor und hinter dem Körper. Beispielsweise mit dem linken Fuß im ersten Feld starten (linke Schulterseite in Laufrichtung). Mit dem rechten Fuß vor dem Körper in das zweite Feld überkreuzen, den linken Fuß in das dritte Feld setzen und den rechten Fuß hinter dem Körper in das vierte Feld überkreuzen usw.

Variationen

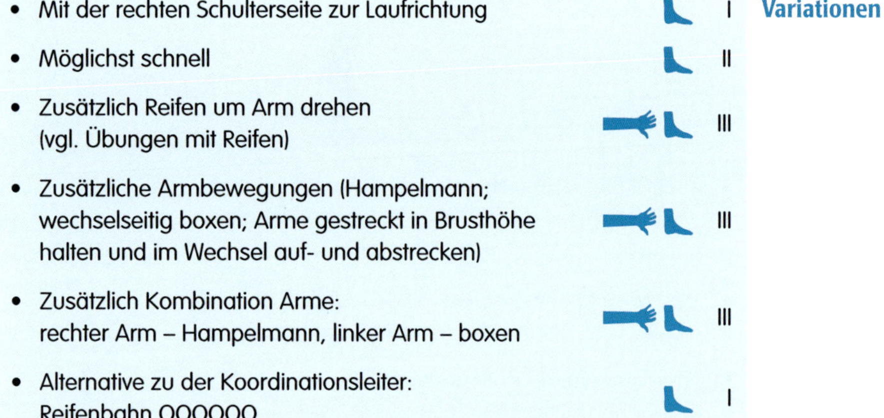

- Mit der rechten Schulterseite zur Laufrichtung — I
- Möglichst schnell — II
- Zusätzlich Reifen um Arm drehen (vgl. Übungen mit Reifen) — III
- Zusätzliche Armbewegungen (Hampelmann; wechselseitig boxen; Arme gestreckt in Brusthöhe halten und im Wechsel auf- und abstrecken) — III
- Zusätzlich Kombination Arme: rechter Arm – Hampelmann, linker Arm – boxen — III
- Alternative zu der Koordinationsleiter: Reifenbahn OOOOOO — I

42 Komplexität – Präzision

		I Einzel

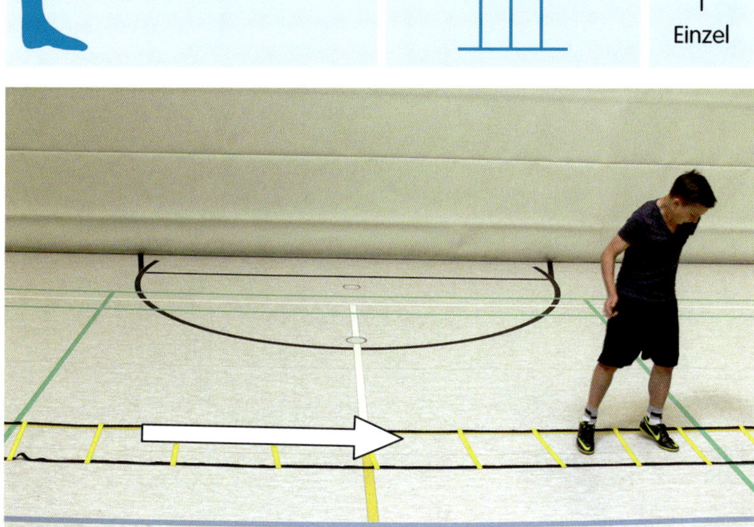

Sidesteps: Der linke Fuß im zweiten Feld und der rechte Fuß im ersten Feld (linke Schulterseite in Laufrichtung). Mit jedem Sidestep ein Feld vorrücken.

Variationen

- Mit der rechten Schulterseite zur Laufrichtung — I
- Nach zwei Sidesteps 180°-Drehung — II
- Möglichst schnell — II
- Immer ein Fuß draußen, zwei Kontakte pro Fach (schräge Sidesteps) — II
- Zusätzlich Reifen um Arm drehen (vgl. Übungen mit Reifen) — III
- Zusätzliche Armbewegungen (Hampelmann; wechselseitig boxen; Arme gestreckt in Brusthöhe halten und im Wechsel auf- und abstrecken) — III
- Zusätzlich Kombination Arme: rechter Arm – Hampelmann, linker Arm – boxen — III
- Alternative zu der Koordinationsleiter: Reifenbahn OOOOOO — I

43

Komplexität unter Präzisionsdruck

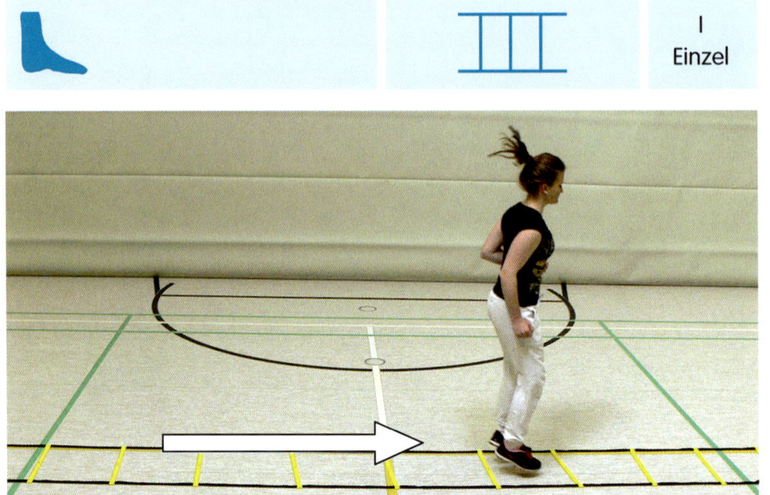

Vorwärts beidbeinig durch die Koordinationsleiter springen.

Variationen

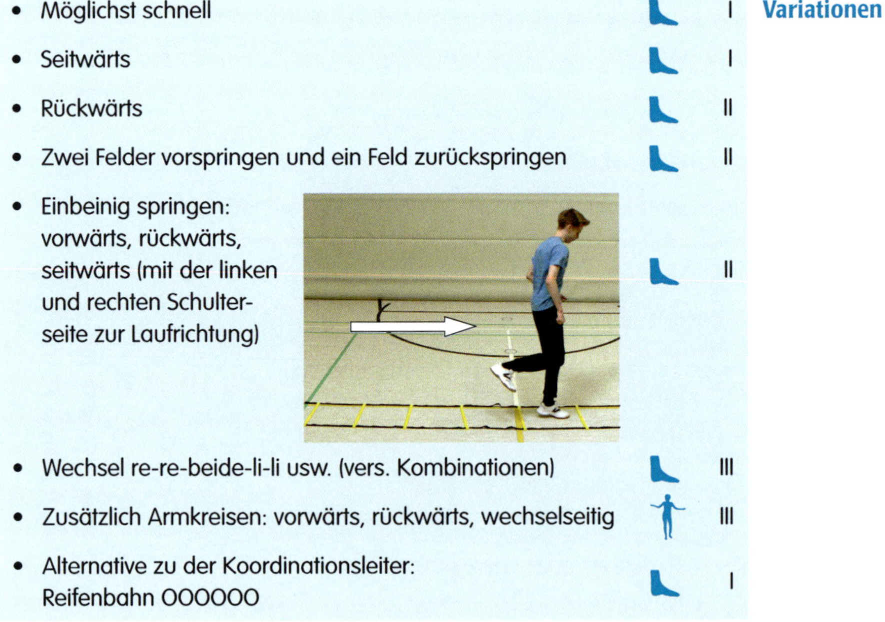

- Möglichst schnell — I
- Seitwärts — I
- Rückwärts — II
- Zwei Felder vorspringen und ein Feld zurückspringen — II
- Einbeinig springen: vorwärts, rückwärts, seitwärts (mit der linken und rechten Schulterseite zur Laufrichtung) — II
- Wechsel re-re-beide-li-li usw. (vers. Kombinationen) — III
- Zusätzlich Armkreisen: vorwärts, rückwärts, wechselseitig — III
- Alternative zu der Koordinationsleiter: Reifenbahn OOOOOO — I

44 Komplexität – Präzision

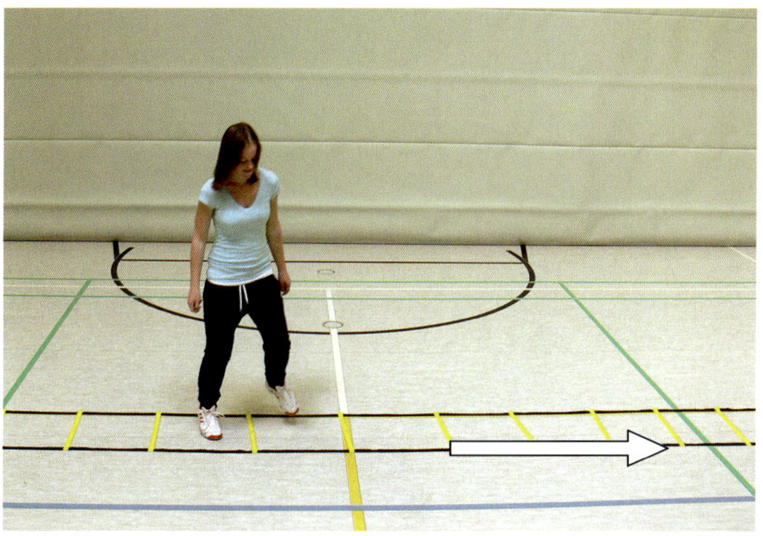

Dreier Rhythmus seitwärts: Jeweils drei Bodenkontakte pro Feld. Beispielsweise nacheinander mit dem linken, rechten und linken Fuß (linke Schulterseite in Laufrichtung) im ersten Feld tippen und dann mit dem rechten Fuß vorne in das zweite Feld übersetzen. Zusätzlich mit dem linken und erneut mit dem rechten Fuß im zweiten Feld tippen und dann den linken Fuß in das dritte Feld setzen.

Variationen

- Mit der linken und rechten Schulterseite zur Laufrichtung — I
- Möglichst schnell — II
- Zusätzliche Armbewegungen (Hampelmann; wechselseitig boxen; Arme gestreckt in Brusthöhe halten und im Wechsel auf- und abstrecken) — III
- Zusätzlich Kombination Arme: rechter Arm – Hampelmann, linker Arm – boxen — III
- Alternative zu der Koordinationsleiter: Reifenbahn OOOOOO — I

45

Komplexität – Präzision

II
Einzel

Herein und Heraus: Mit zwei Bodenkontakten pro Feld. Vorwärts in das erste Feld, von dort links aus der Leiter heraus, wieder zurück in das erste Feld. Vorwärts in das zweite Feld, von dort rechts aus der Leiter heraus, wieder zurück in das zweite Feld usw.

Variationen

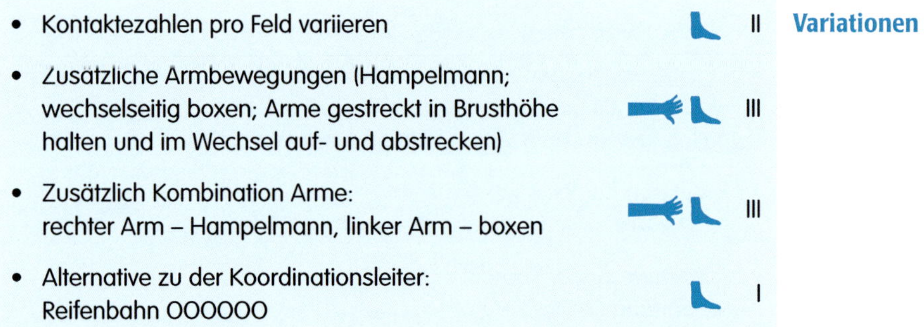

- Kontaktezahlen pro Feld variieren — II
- Zusätzliche Armbewegungen (Hampelmann; wechselseitig boxen; Arme gestreckt in Brusthöhe halten und im Wechsel auf- und abstrecken) — III
- Zusätzlich Kombination Arme: rechter Arm – Hampelmann, linker Arm – boxen — III
- Alternative zu der Koordinationsleiter: Reifenbahn OOOOOO — I

46

Komplexität – Präzision Organisation – Präzision

II
Einzel

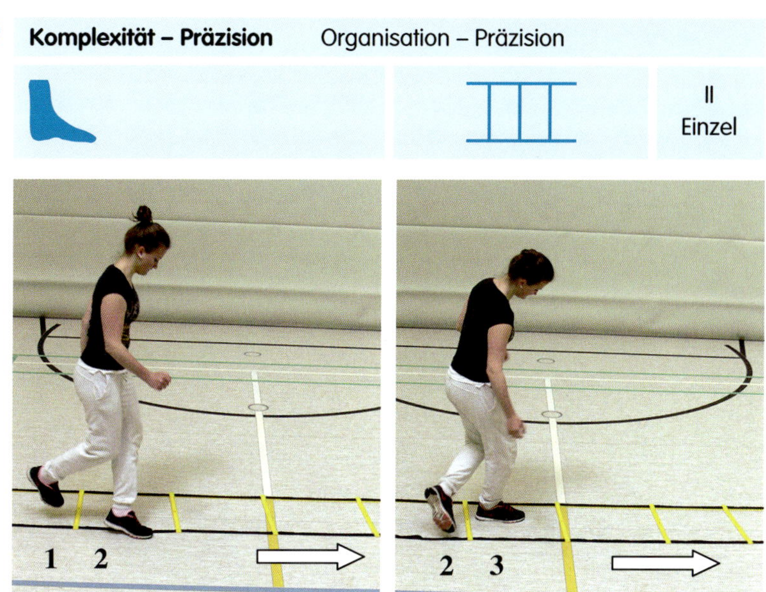

Überkreuz pendeln: Der rechte Fuß beginnt im ersten Feld, der linke Fuß wird überkreuz schräg davor neben das zweite Feld gesetzt, der rechte Fuß kreuzt in das dritte Feld und so weiter.

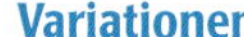

Variationen

- Möglichst schnell — I
- Zusätzliche Armbewegungen (Hampelmann; wechselseitig boxen; Arme gestreckt in Brusthöhe halten und im Wechsel auf- und abstrecken) — III

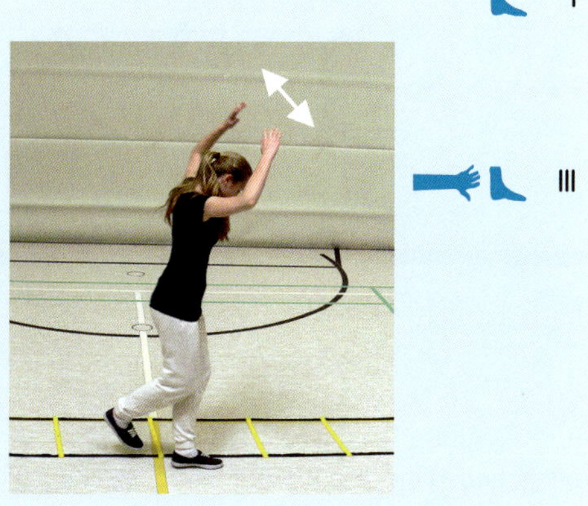

- Zusätzlich Kombination Arme: rechter Arm – Hampelmann, linker Arm – boxen — III

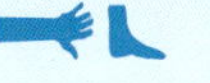

- Alternative zu der Koordinationsleiter: Reifenbahn OOOOOO — I

47

Komplexität – Präzision

I
Einzel

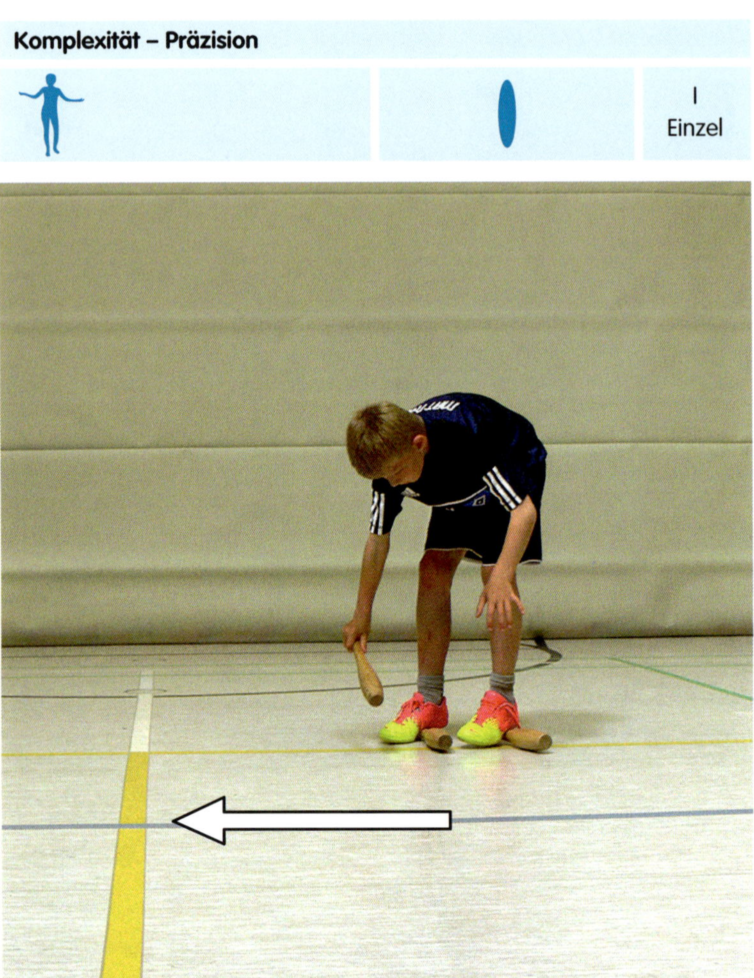

Drei Keulen im Schrittabstand auf den Boden legen und über die Keulen gehen. Die letzte Keule wieder nach vorne holen, ohne dabei den Boden zu berühren und weitergehen.

Variation

- Mit geschlossenen Augen

II

48 Komplexität – Präzision

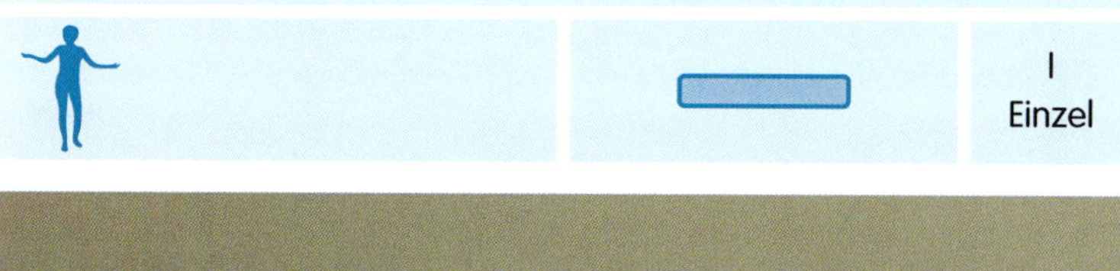

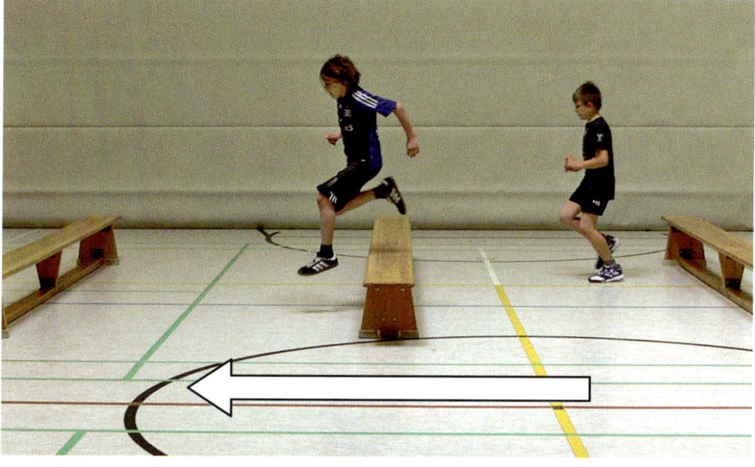

Mehrere Bänke werden im Abstand von drei bis vier Metern parallel zueinander aufgestellt. Mit einer bestimmten Schrittzahl zwischen den Bänken die „Hindernisse“ überlaufen.

Variationen

Variation	Stufe
• Schrittanzahl	I
• Stechschritt	I
• Schlusssprünge	I
• Einbeinige Sprünge	II
• Zwischen den Bänken drei Hampelmänner	II
• Auf die Bank springen und von der Bank mit Drehsprung springen	II
• Drehsprünge über die Bänke	II
• Tempovariationen	II
• Zwischen ersten beiden Bänken vier Schritte, zwischen zweiter und dritter Bank drei Schritte, zwischen dritter und vierter Bank vier Schritte usw.	III

49

Komplexität – Präzision

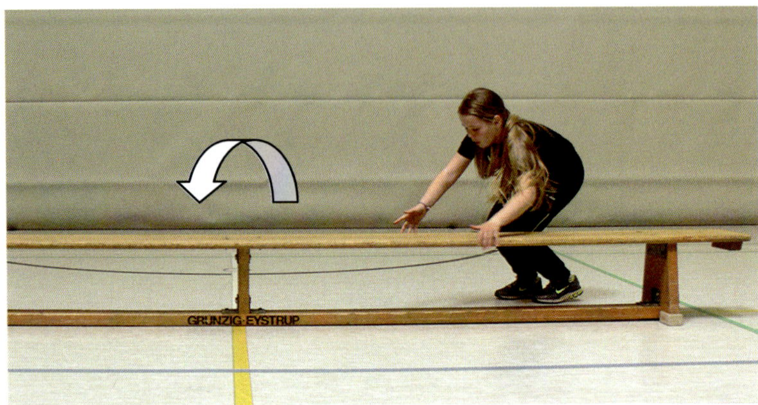

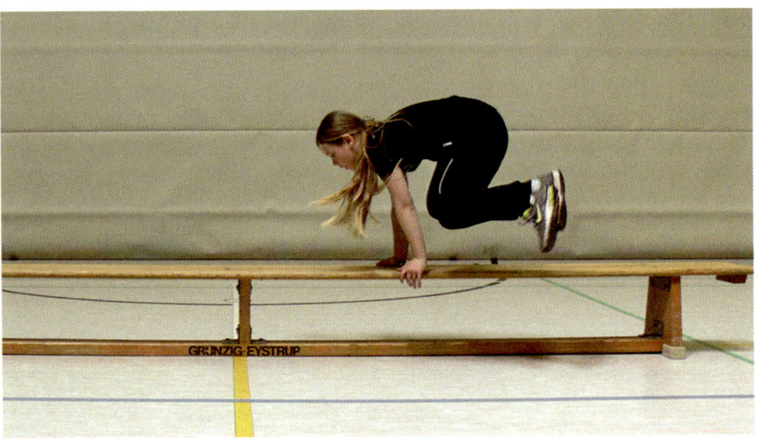

Über eine Bank von links nach rechts hocken. Dabei befinden sich die Hände auf der Sitzfläche.

Variationen

- Abwechselnd aufhocken und abgrätschen — I
- Rückwärts — II
- Nur mit einer Hand abwechselnd abstützen — II

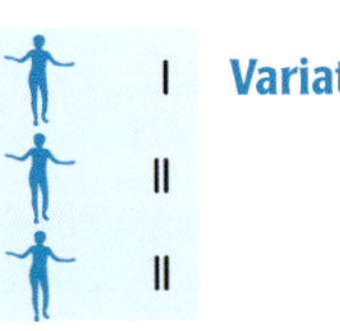

50

Komplexität – Präzision Organisation – Präzision

I
Einzel

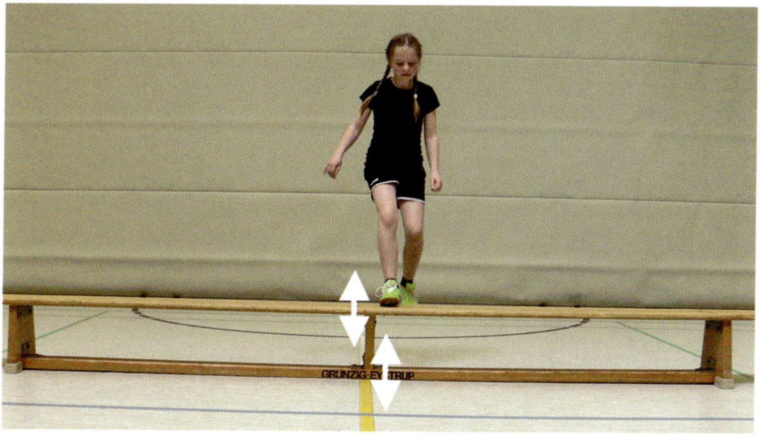

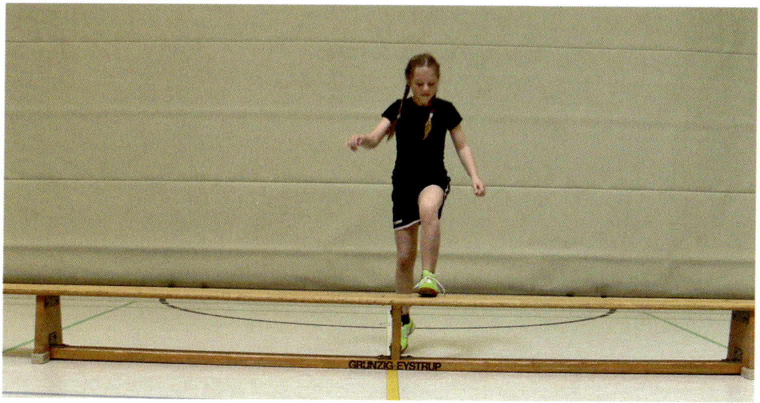

Abwechselnd mit einem Bein auf eine Bank springen. Ziel ist es, einen rhythmischen Bewegungsablauf („flüssiges Treppensteigen“) zu erreichen.

Variationen

- Mit geschlossenen Augen 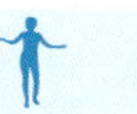 II
- Mit Begleitung von Armbewegungen (Überkopf, hinter dem Rücken, vor der Brust, auf die Oberschenkel usw.) 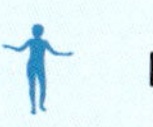 II

Komplexität – Zeit und Präzision

II
Einzel

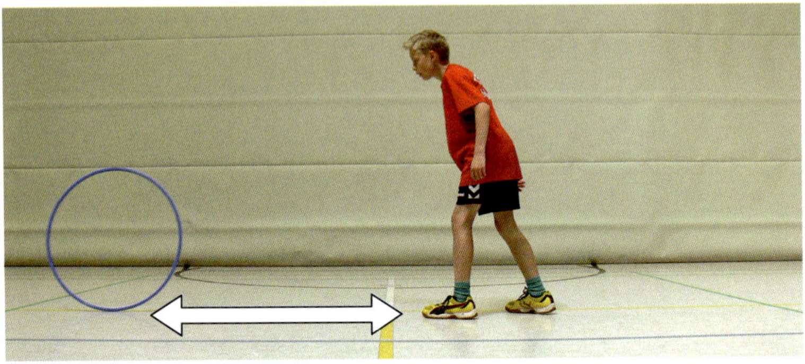

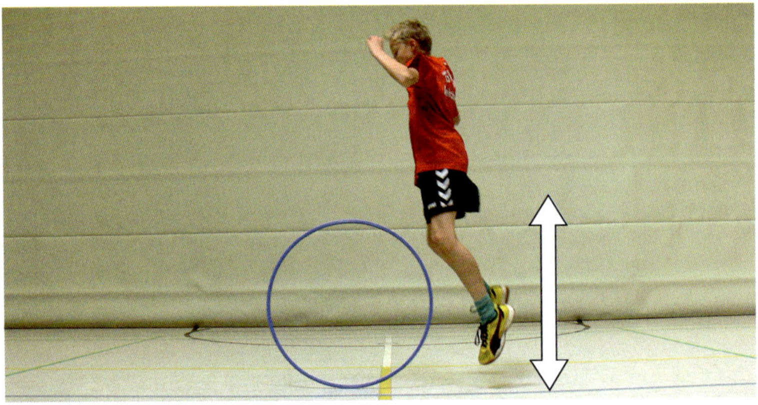

Einen Reifen mit Rückwärtsrotation nach vorn werfen, sodass der Reifen zurückrollt. Beim Zurückrollen mit einem Grätschsprung über den Reifen springen.

Variationen

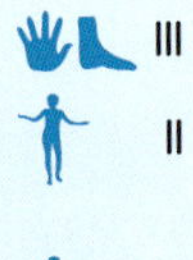

- Mit zwei Reifen (ohne Springen, nur wieder aufnehmen) III
- Partner rollt kurz nacheinander zwei bis drei Reifen zu II
- Reifen zum Kreiseln andrehen und so häufig wie möglich in den Reifen hinein- und herausspringen bis der Reifen liegt II

52 Komplexität – Zeit und Präzision

II
Einzel

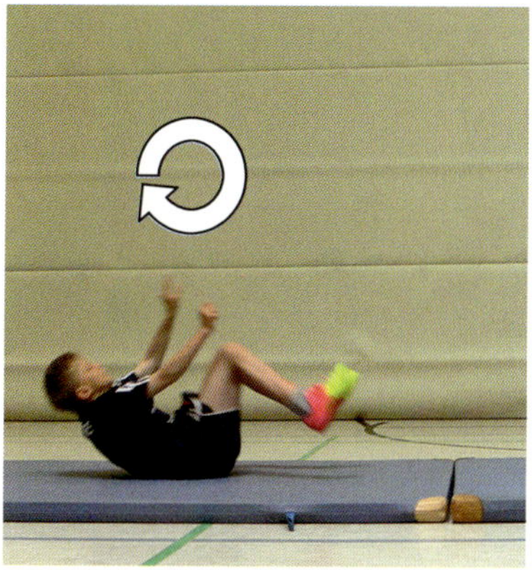

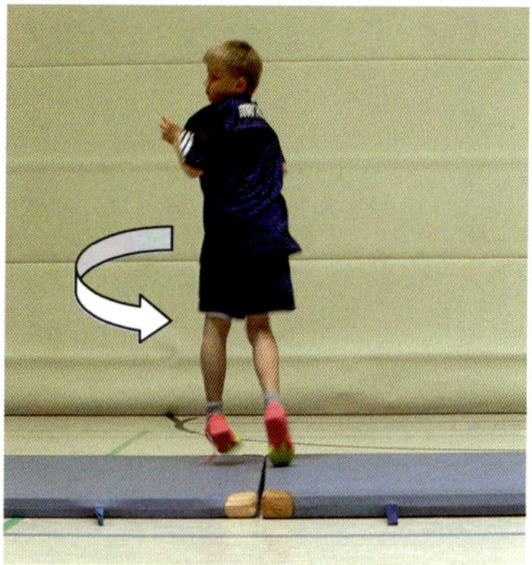

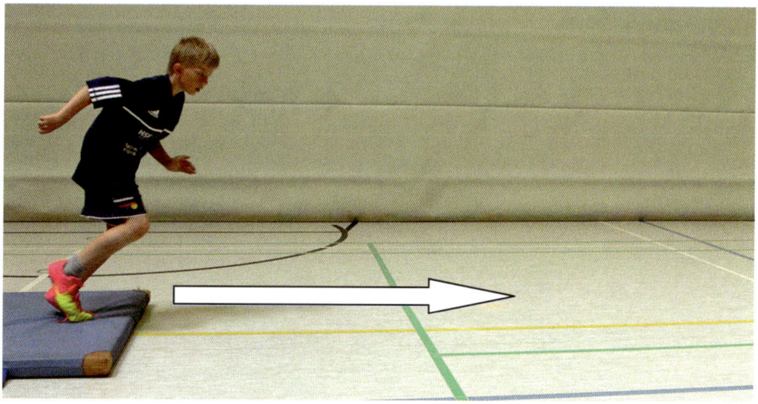

Zwei Turnmatten hintereinanderlegen, sodass eine Linienmarkierung auf dem Boden in der Mitte verläuft. Abfolge: Aus dem Stand eine Rolle vorwärts in den Stand, Strecksprung mit 360°-Drehung in den Stand und auf der Linie mit Tempo geradeaus laufen.

Variationen

- Zwei bis drei Rollen vorwärts hintereinander, Strecksprung, Linienlauf — II
- Rolle rückwärts, 180°-Drehsprung, Rolle vorwärts, 360°-Drehsprung und Linienlauf 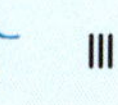 — III

53

Organisation – Präzision

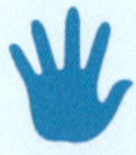		I Einzel

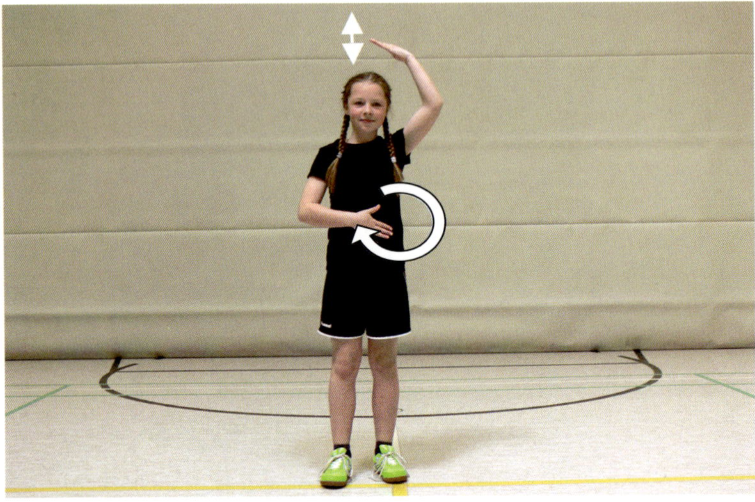

Mit der linken Hand mit der Handfläche sanft auf den Kopf klopfen und mit der rechten Hand kreisförmig im Uhrzeigersinn über den Bauch streichen.

Variationen

- Gegen den Uhrzeigersinn mit der Hand streichen — I
- Linke Hand – streichen; rechte Hand – klopfen — I
- Ein Bein schwingt zusätzlich hin und her (rechtes, sowie linkes Bein) — II
- Ein Bein beschreibt Kreise (entgegengesetzt oder synchron zur Kreisbewegung der Hand) (rechtes und linkes Bein) — III

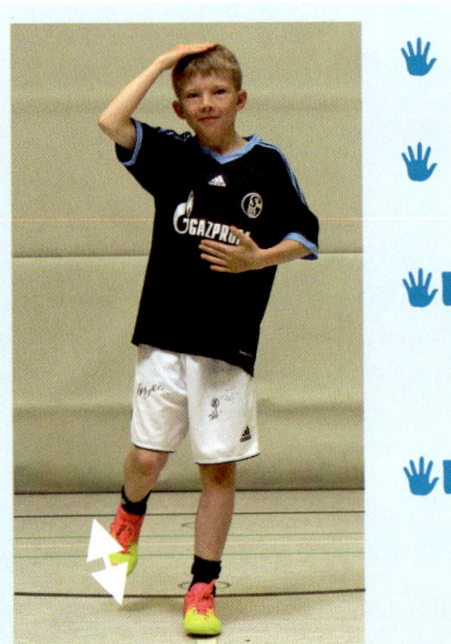

54 Komplexität – Präzision

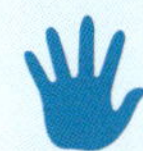

I
Einzel

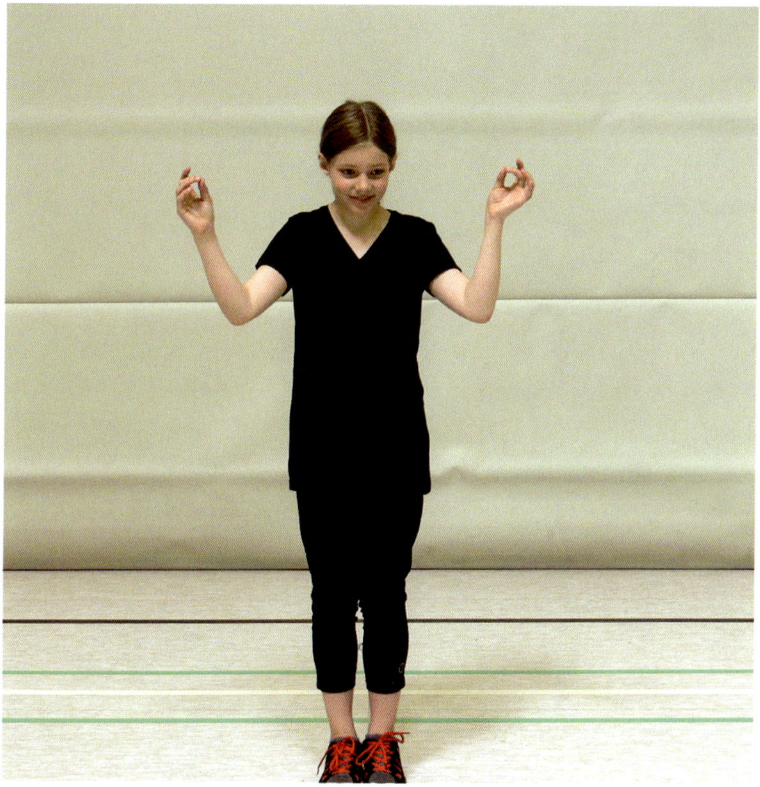

Mit jedem Finger (vom Zeigefinger bis zum kleinen Finger) einmal auf den Daumen tippen und wieder zurück. Die Aufgabe mit beiden Händen gleichzeitig in die gleiche Richtung ausüben. Startposition an linker bzw. rechter Hand: Daumen und Zeigefinger berühren sich.

Variationen

- Beide Hände gegengleich: Mit den Kombinationen Daumen/Zeigefinger und Daumen/kleiner Finger starten 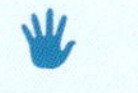 II
- Auf der Stelle laufen oder hüpfen bzw. rhythmische Vorgaben 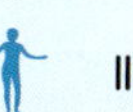 III

55

Komplexität – Präzision Organisation – Präzision

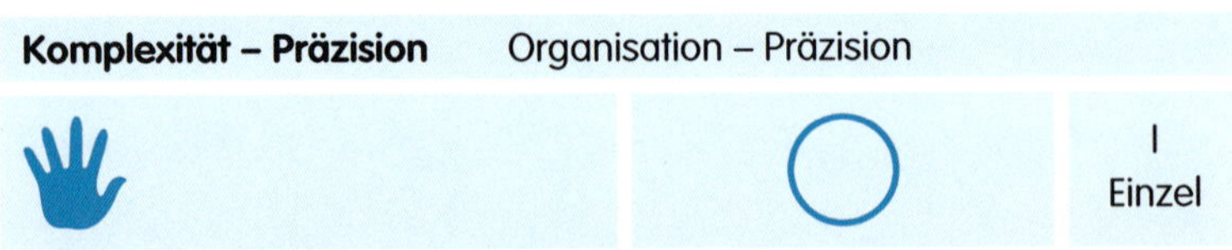

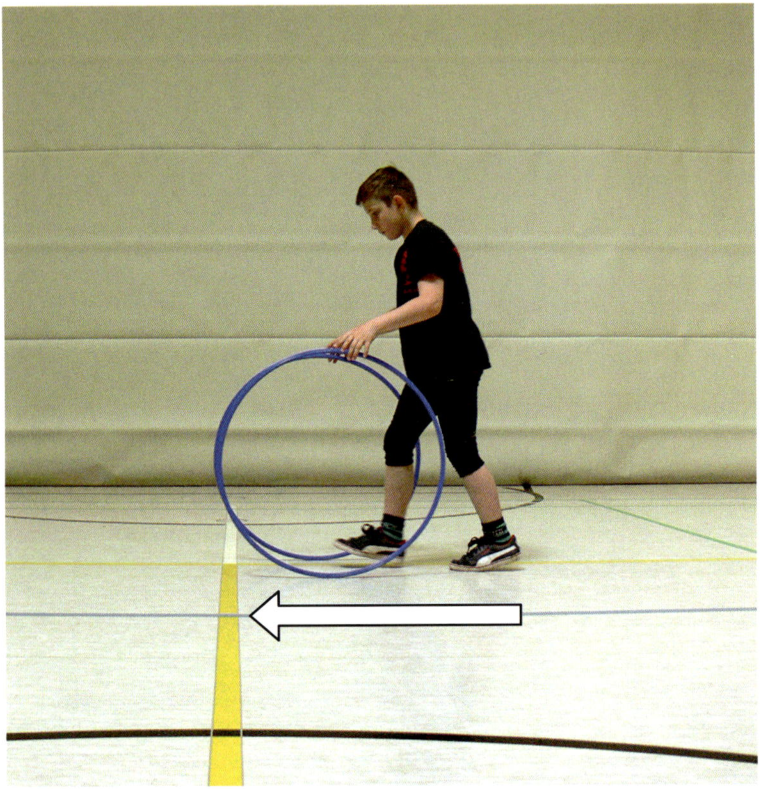

Zwei Reifen (einen pro Hand) mit den Händen im Vorwärtslaufen durch die Halle „treiben“. Dabei dürfen die Reifen weder festgehalten werden noch zu Fall kommen.

Variationen

- Reifen im Rückwärtslaufen antreiben II
- Wechsel zwischen Vorwärts- und Rückwärtslaufen II
- Slalomparcours II

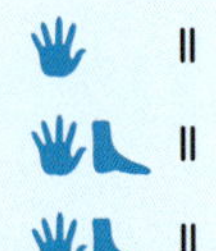

56 **Komplexität – Präzision** Organisation – Präzision

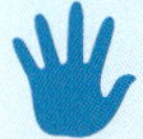	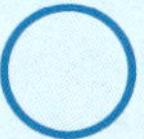	I Partner

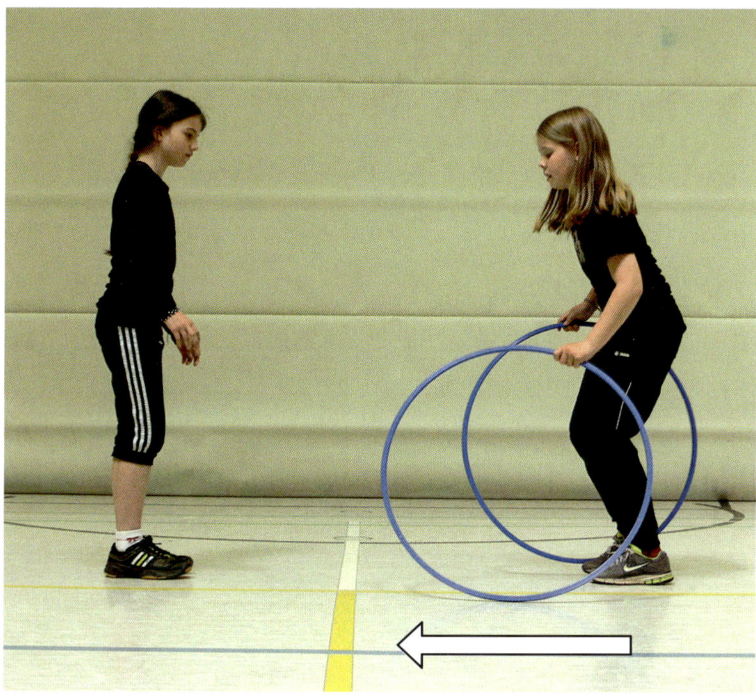

Zwei Partner stehen sich gegenüber. Ein Partner hat in jeder Hand einen Reifen. Beide Reifen werden gleichzeitig zum Partner gerollt, der diese aufnimmt und zurückrollt.

Variationen

- Entfernung vergrößern — II
- Linke (bzw. rechte) Hand rollt normal, rechte (bzw. linke) Hand von hinten unter dem rechten angehobenen Bein durch 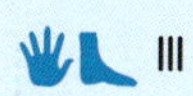 III
- Mit Rücken zum Partner stehen und beide Reifen rückwärts zum Partner rollen 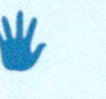 III
- Kurz nacheinander die Reifen überkreuz zum Partner rollen — II

57

Komplexität – Präzision Organisation – Präzision

I
Partner

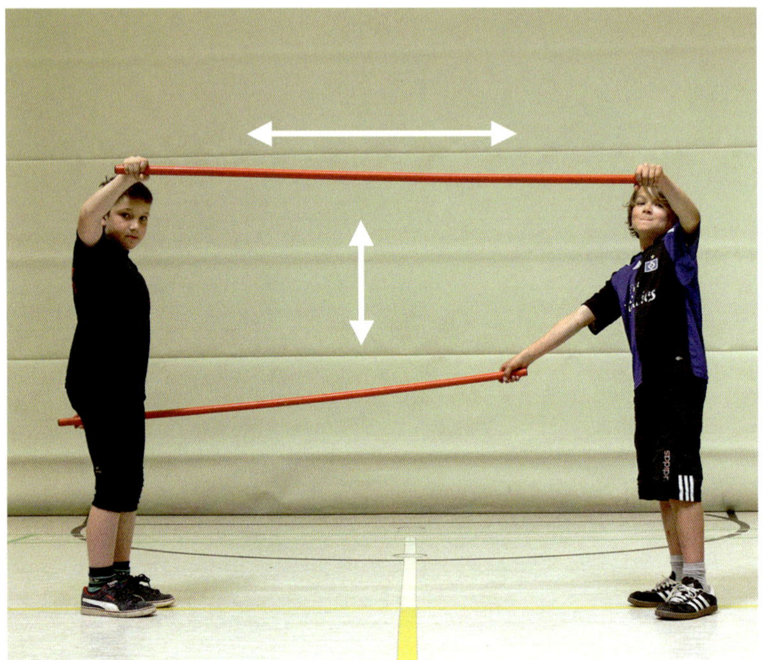

Zwei Partner stehen sich gegenüber und halten seitlich zwischen sich zwei Stäbe in den Händen. Ein Stab wird in einer „Sägebewegung" vor und zurück gependelt, während der andere Stab gleichzeitig zur Seite bis zur Schulterhöhe angehoben wird.

Variationen

- Ein Stab wird schneller als der andere bewegt  II
- Einbezug von Beinbewegungen (anziehen, abspreizen usw.) 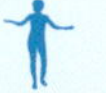  II

58

Organisation – Präzision

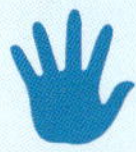

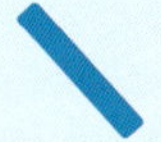

I
Partner

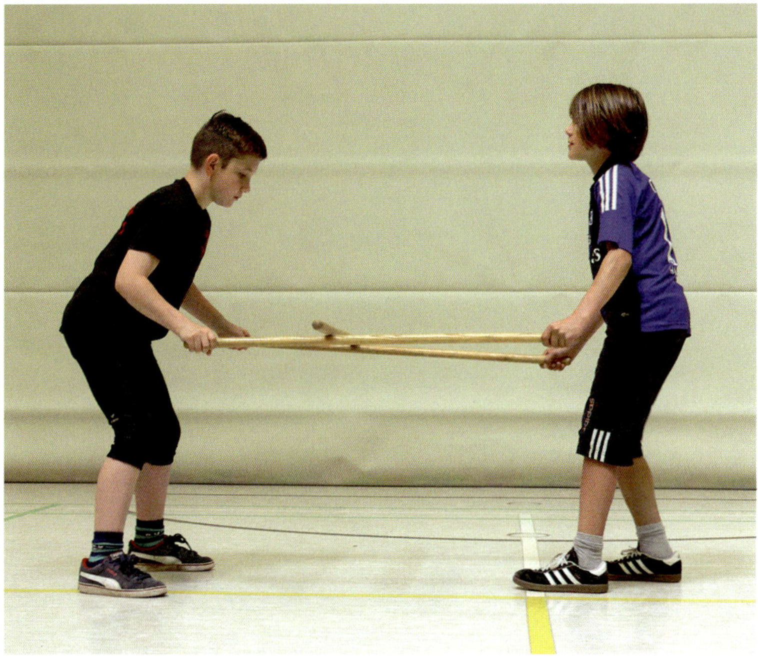

Zwei Partner stehen sich gegenüber und halten in jeder Hand das Ende eines Stabes. Ein dritter Stab wird quer auf die beiden Stäbe gelegt und balanciert, ohne auf den Boden zu fallen. Dabei bewegt sich das Paar quer im Raum.

Variationen

- Hinsetzen und wieder aufstehen — II
- Einbeinig — II
- Ein Partner balanciert mit zwei Stäben einen dritten Stab; Übergabe an einen Partner, der ebenfalls zwei Stäbe festhält — II
- Parcours mit Hindernissen durchqueren — II

59

Organisation – Präzision

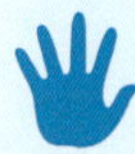	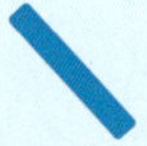	III Partner

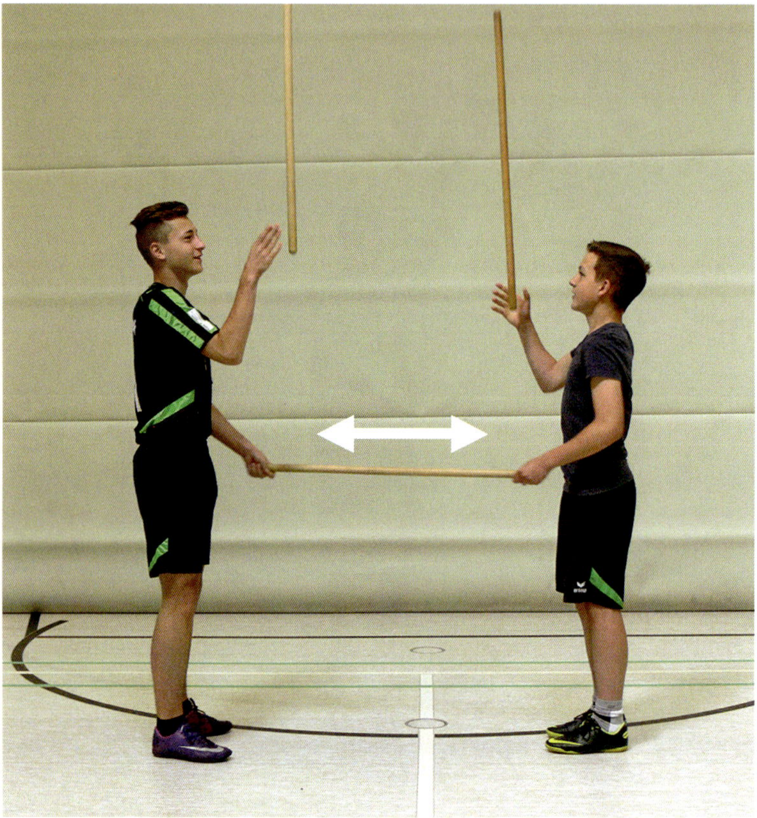

Zwei Partner stehen sich gegenüber und halten beide mit ihrer linken Hand das Ende eines Gymnastikstabes fest. Sie führen eine „Sägebewegung" aus. In der jeweils freien rechten Hand werfen sie einen weiteren Gymnastikstab kurz an und fangen ihn wieder.

Variationen

• Mit linker Hand werfen, mit rechter Hand „Sägebewegung"		III
• Gymnastikstäbe zuwerfen	 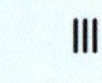	III

Organisation – Präzision

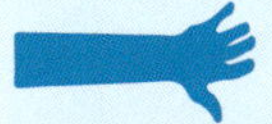

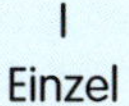

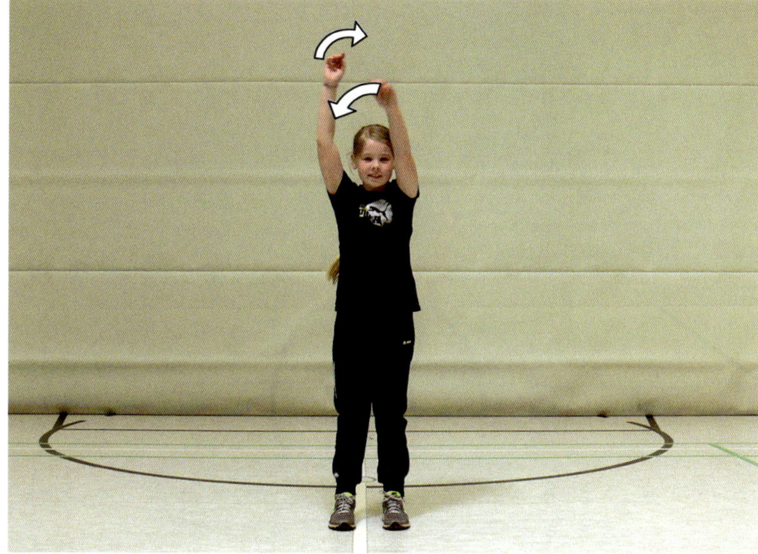

Den linken Arm vorwärts und gleichzeitig den rechten Arm rückwärts kreisen.

Variationen

- Rechten Arm vorwärts, linken Arm rückwärts
- Gleichzeitig Schlusssprünge mit Grätschen der Beine (Hampelmann-Beine), Nachstellhüpfer, Kreuz-schritte, Hopserlauf

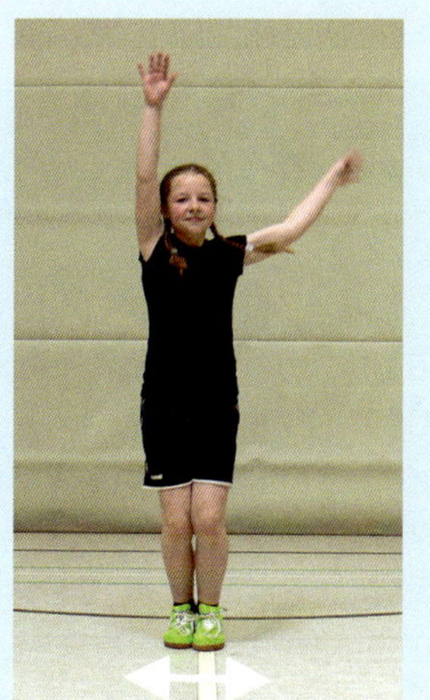

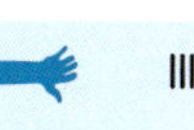

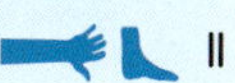

61

Organisation – Präzision

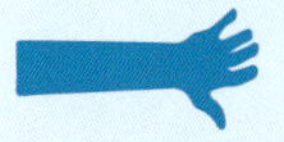

I
Einzel

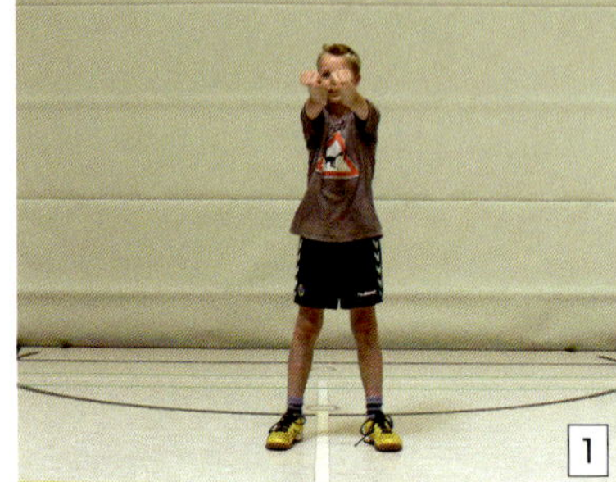

1

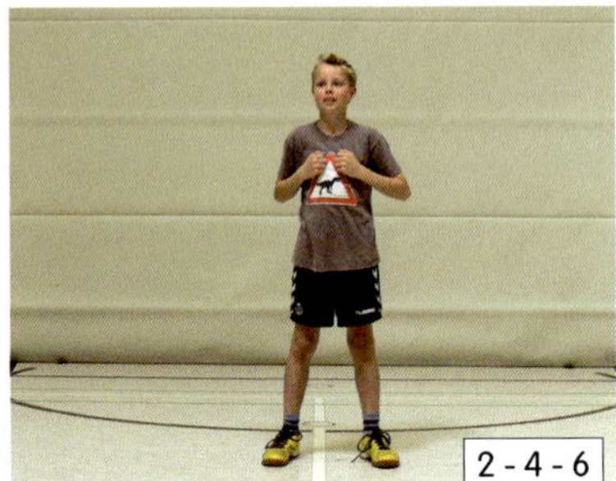

2 - 4 - 6

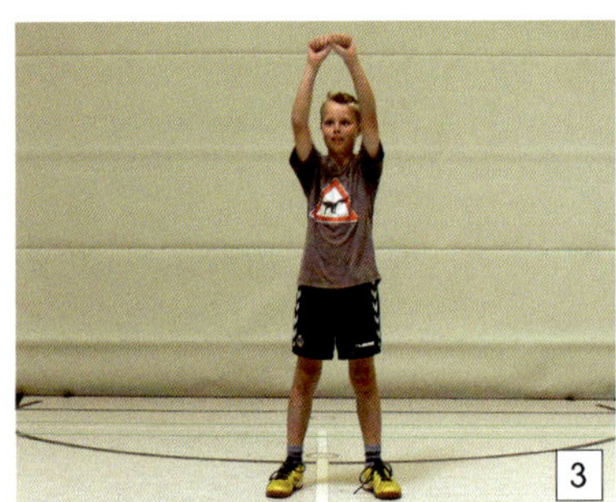

3

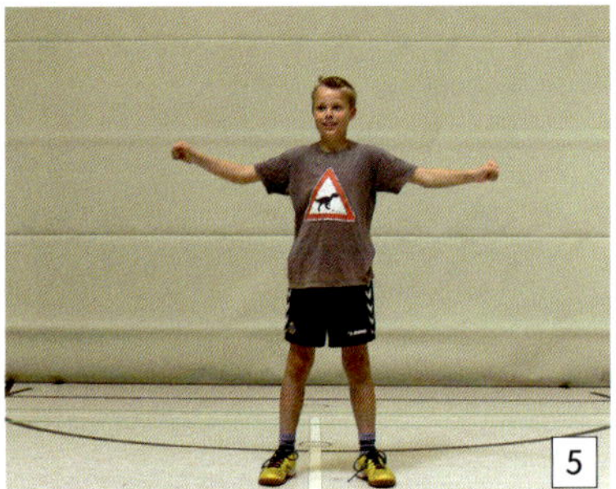

5

Abfolge: Beide Arme gleichzeitig nach vorne strecken, gleichzeitig beugen, gleichzeitig nach oben strecken, gleichzeitig beugen, gleichzeitig zur Seite strecken, gleichzeitig beugen usw.

Variationen

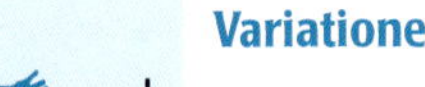

- Beide Arme nacheinander nach vorne strecken, beugen, nach oben strecken, beugen, zur Seite strecken, beugen usw. — I
- Einen Arm nach vorne strecken, den anderen nach oben strecken, beide gleichzeitig zur Seite strecken (dazwischen beugen) — II
- Die Hände durch Innen-/Außenrotation in verschiedene Positionen bringen — III
- Zusätzlich: Schlusssprünge mit Grätschen der Beine (Hampelmann-Beine) — I
- Bei jedem „Impuls“ eine 90°-Körperdrehung vollziehen — III

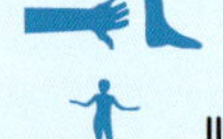

62 Organisation – Präzision

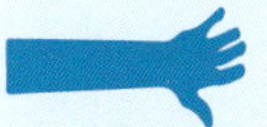	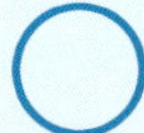	I Einzel

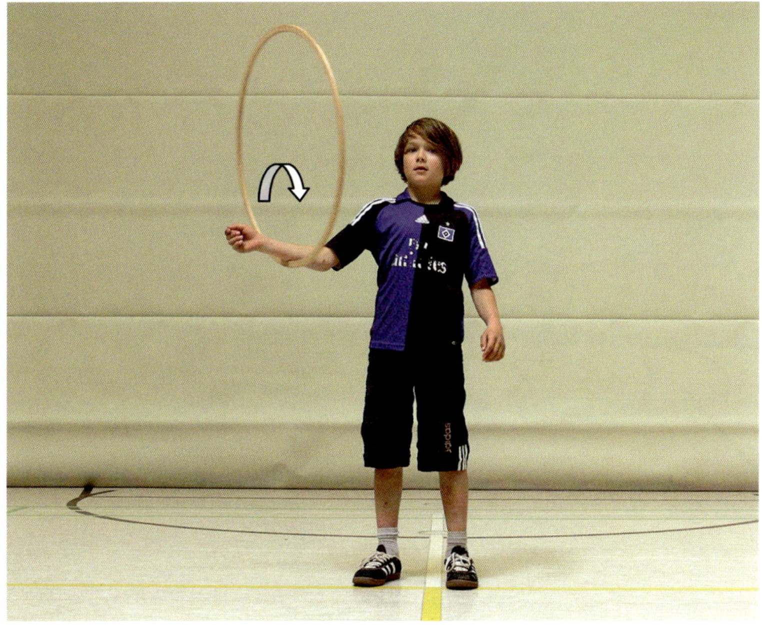

Einen Reifen mit dem rechten Arm zum Schwingen bringen (zwischen Hand-/ Ellenbogengelenk) und vorwärts kreiseln lassen.

Variationen

- Rückwärts kreiseln — III
- Mit dem linken Arm — I
- Augen geschlossen — II
- Zwei Reifen: Armkreisen vorwärts, rückwärts, gegengleich — III

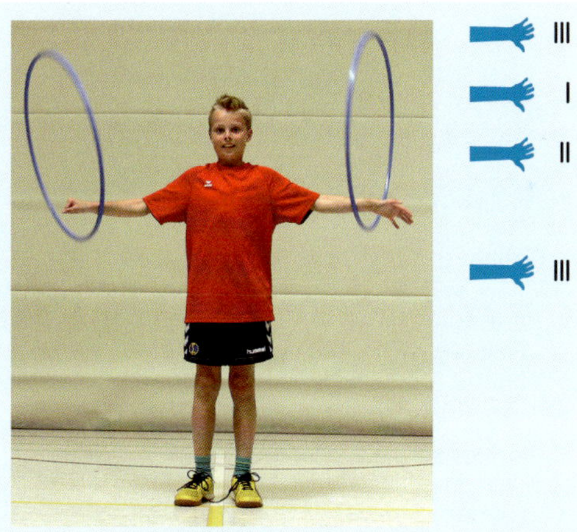

63

Organisation – Präzision

		II Einzel

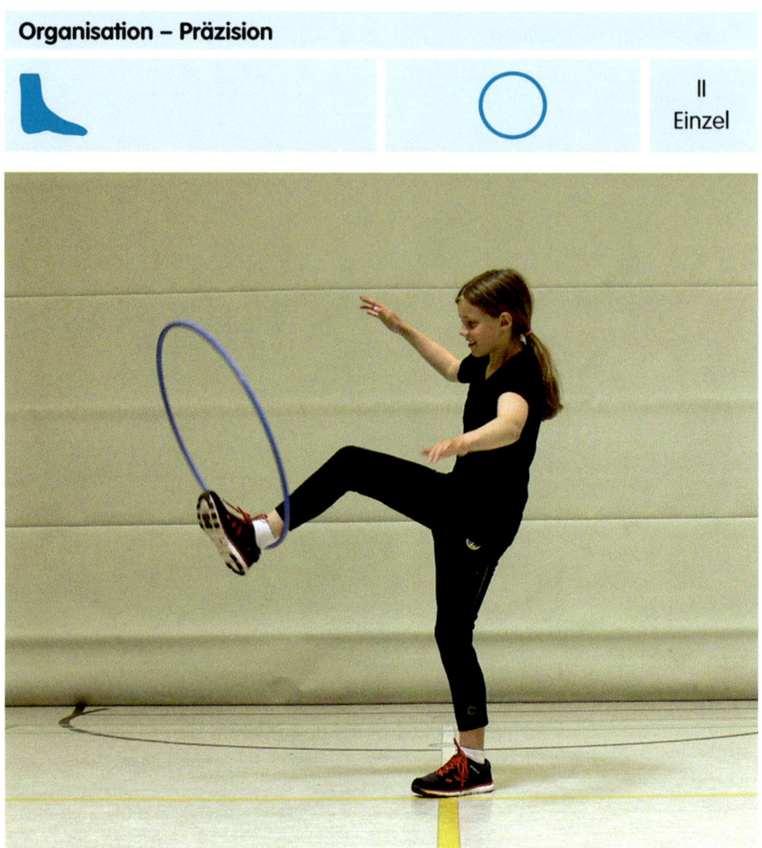

Einen Reifen um das rechte Sprunggelenk zum Schwingen bringen.

Variationen

- Linkes Sprunggelenk — I
- Reifen um den Hals schwingen — I
- Zusätzlich einen Reifen um den Arm schwingen vorwärts/rückwärts — II
- Zusätzlich zwei Reifen um den Arm schwingen vorwärts/rückwärts/gegengleich — III
- Auf dem Standbein hüpfend drehen — III

Organisation – Präzision

I
Einzel

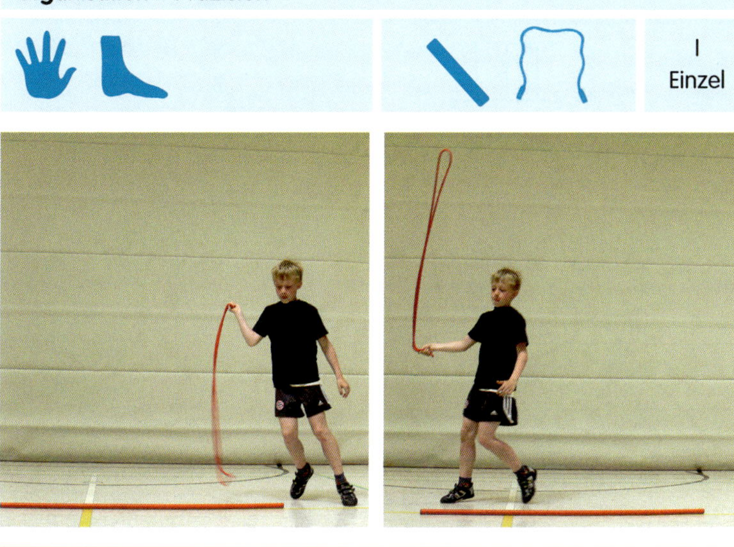

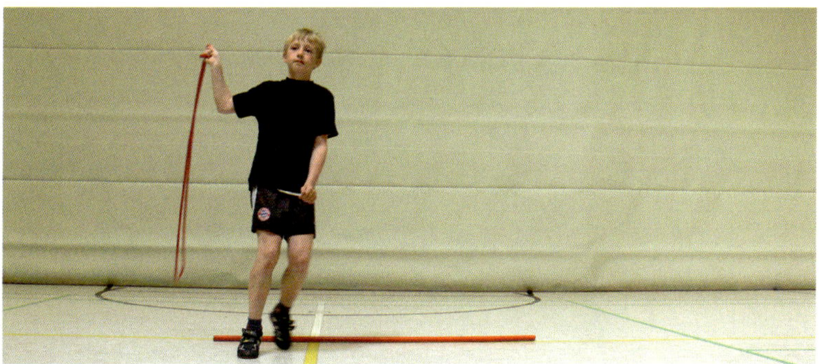

Der am Boden liegende Stab wird mit Vorwärts-rückwärts-laufen umlaufen. Dabei wird mit einer Hand ein Seil sagittal vorwärts geschwungen.

Variationen

- Side-Steps, Kreuzschritte um den Stab — I
- Stab mit Schlusssprüngen vorwärts, rückwärts, seitwärts überspringen — I
- Mit zwei Seilen (auch Armkreisen mit ein bzw. zwei Reifen möglich) — II
- Schwungrichtung Seil bzw. Reifen: vorwärts, rückwärts, synchron und asynchron (bei zwei Seilen, Reifen) — III

65

Organisation – Präzision

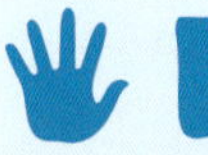
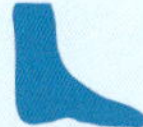
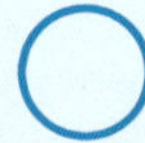

II
Partner

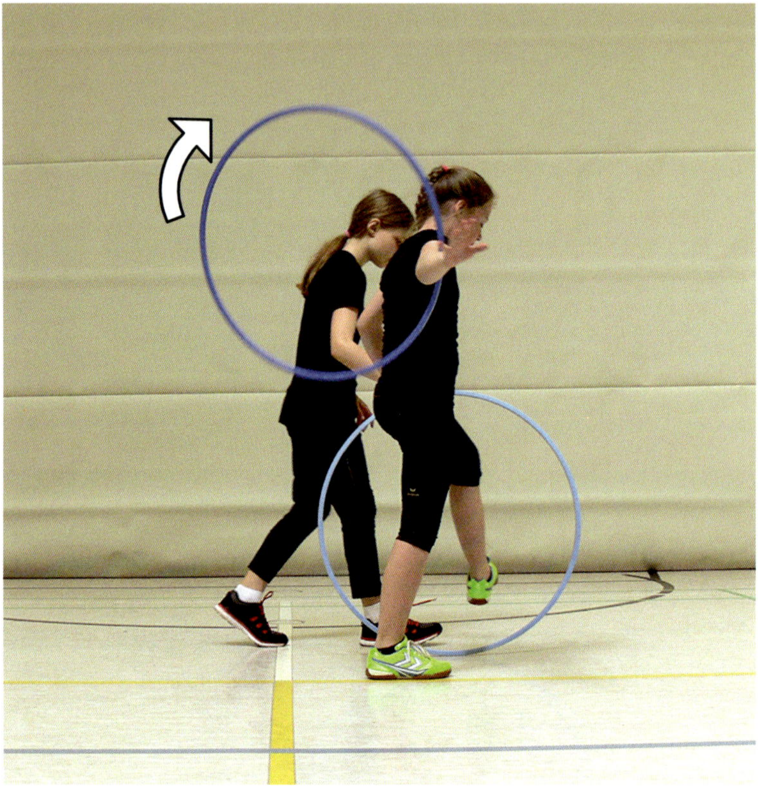

Einen Reifen mit einer Hand rollen und bei jedem zweiten Schritt in den Reifen treten. Mit der anderen Hand einen Reifen um den Arm vorwärts kreisen lassen (mit Partnerhilfe).

Variationen

- Mit rechtem bzw. linkem Fuß bzw. Arm 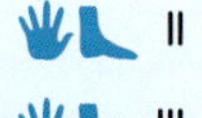 II
- Mit der freien Hand ein Seil schwingen  III

66

Organisation – Präzision

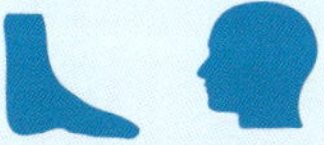

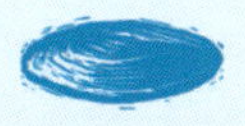
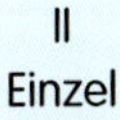
II
Einzel

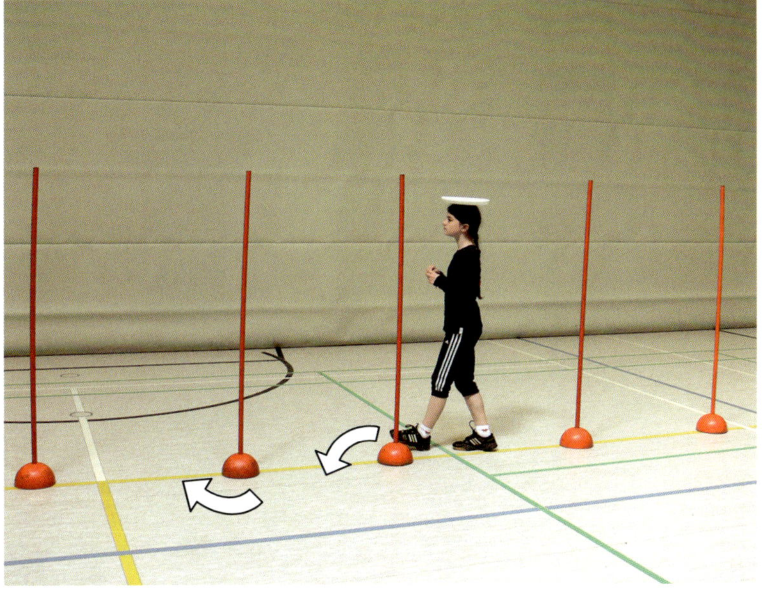

Zehn Slalomstangen auf eine Linie im Abstand von einem Meter aufstellen. Vorwärts Slalom durch die Stangen laufen und dabei eine Frisbee-Scheibe auf dem Kopf balancieren.

Alternative zu den Slalomstangen: Hütchen.

Variationen

- Rückwärts 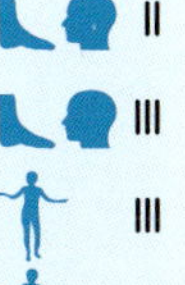 II
- Tempovariationen 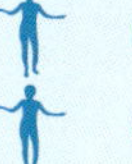 III
- Gleichzeitig in einer Hand ein Seil schwingen 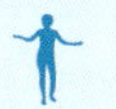 III
- Gleichzeitig einen Stab mit einer Hand drehen 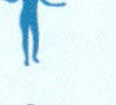 III
- Gleichzeitig Stab senkrecht auf der Handfläche/ einem Finger balancieren III
- Gleichzeitig einen Reifen um den Arm kreiseln lassen 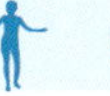 III

67

Organisation – Präzision

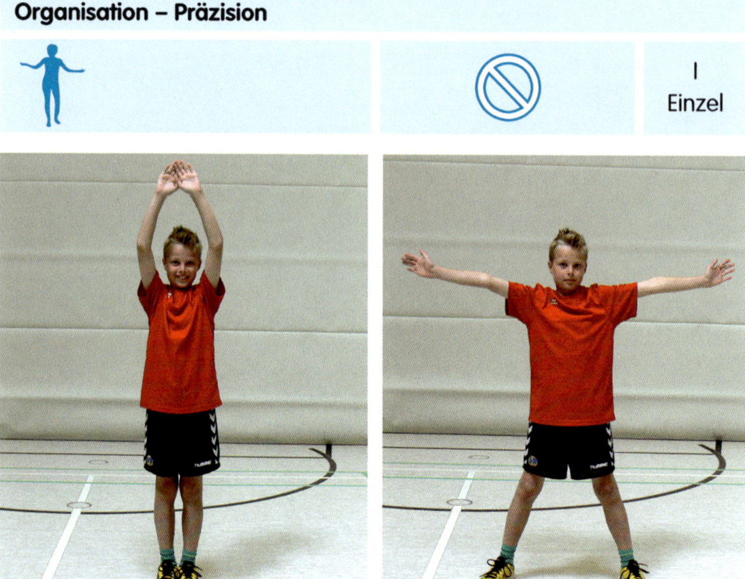

I
Einzel

Normaler Hampelmann: Ausgangsposition: geschlossene Beine, angelegte Arme. Öffnen der Beine und gleichzeitig Arme über den Kopf zusammenklatschen.

Variationen

- Verkehrter Hampelmann: Arme und Beine gegengleich; wenn Beine öffnen, dann Arme an den Oberschenkel schließen; wenn Beine schließen, dann Arme über dem Kopf zusammenklatschen

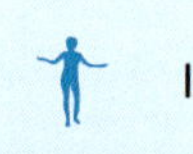

II

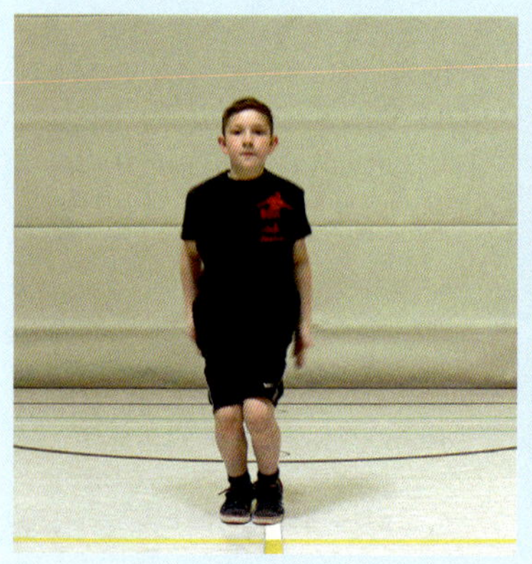

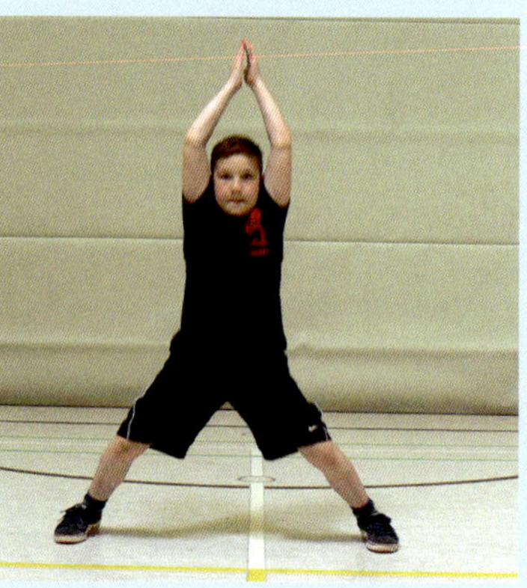

68

Organisation – Präzision

I
Einzel

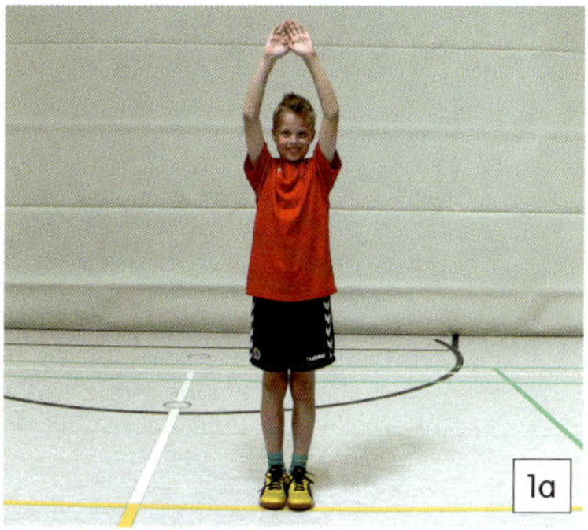

1a 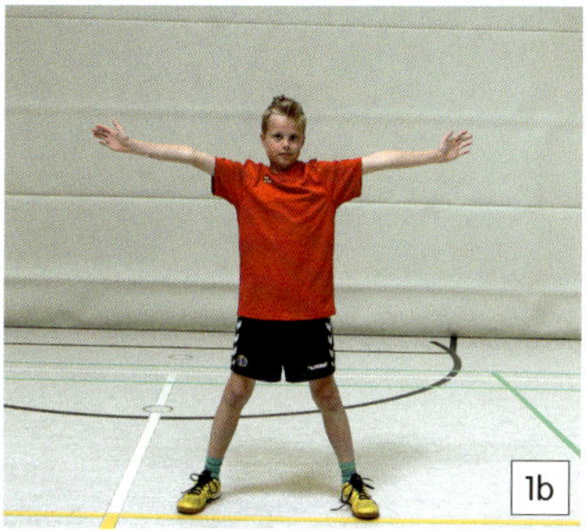 1b

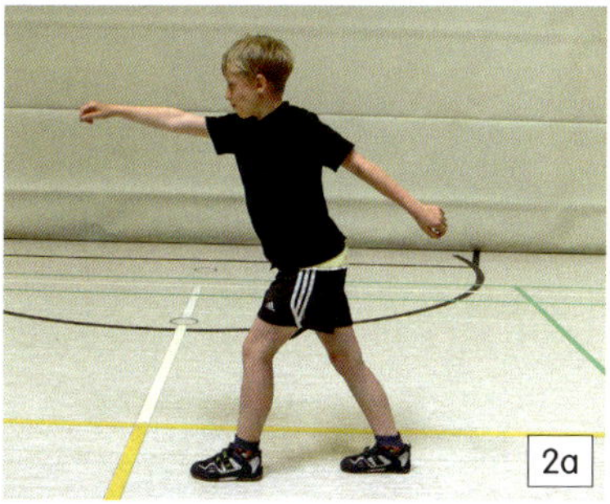

2a 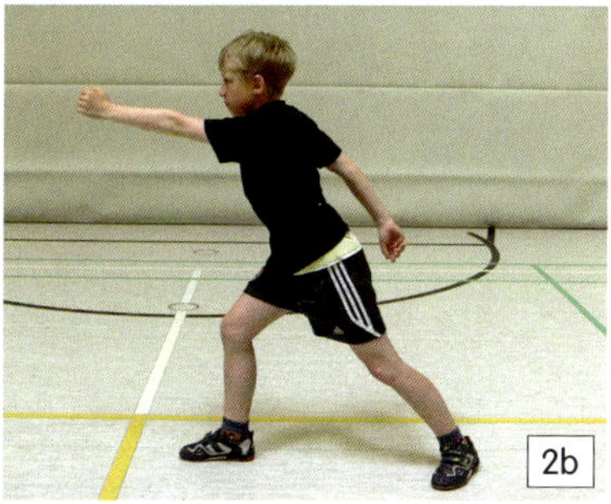 2b

Den „Hampelmann“ (Füße und Arme gleichzeitig zusammen und auseinander, siehe Bilder 1a und 1b) und den „Skilanglauf“ (wechselnde Schrittstellung, Armbewegung gegengleich zu Füßen, siehe Bilder 2a und 2b) isoliert üben.

Variationen

- Kombinationen:
  a) Arme: Hampelmann, Füße: Skilanglauf
  b) Arme: Skilanglauf, Füße: Hampelmann

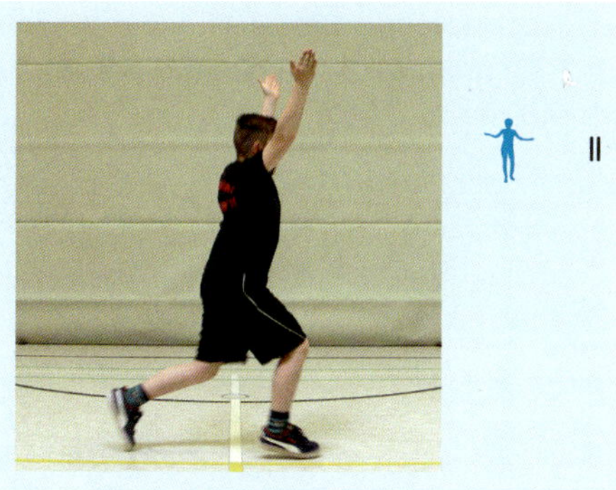

II

Organisation – Präzision

I
Einzel

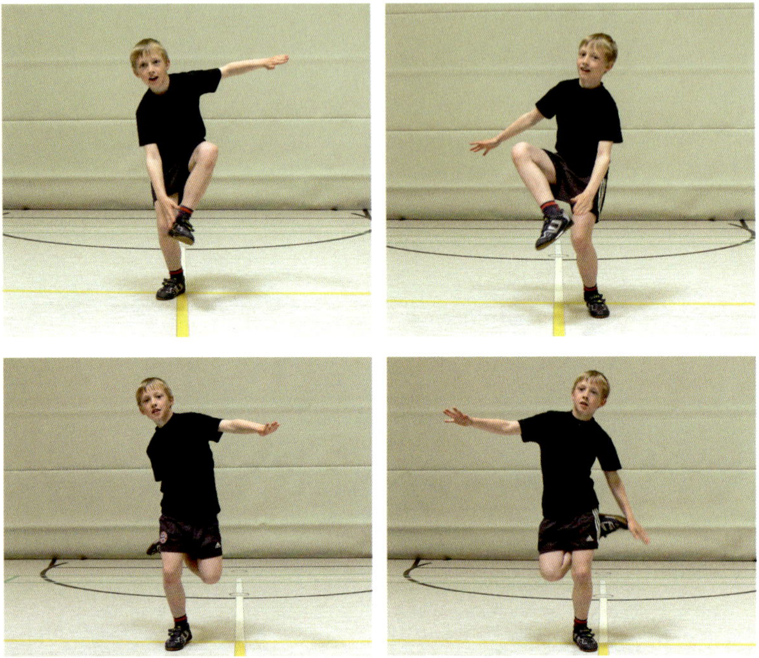

Schuhplattler: Die rechte Hand und der linke Fuß, sowie die linke Hand und der rechte Fuß berühren sich (zuerst vor dem Körper, dann hinter dem Körper).

Variationen

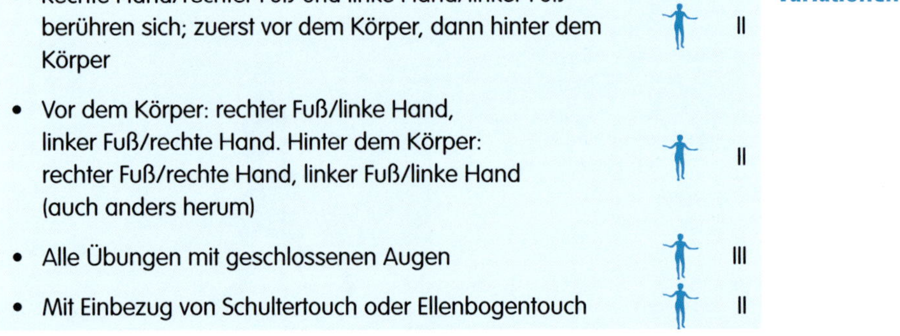

- Rechte Hand/rechter Fuß und linke Hand/linker Fuß berühren sich; zuerst vor dem Körper, dann hinter dem Körper — II
- Vor dem Körper: rechter Fuß/linke Hand, linker Fuß/rechte Hand. Hinter dem Körper: rechter Fuß/rechte Hand, linker Fuß/linke Hand (auch anders herum) — II
- Alle Übungen mit geschlossenen Augen — III
- Mit Einbezug von Schultertouch oder Ellenbogentouch — II

70

Organisation – Präzision

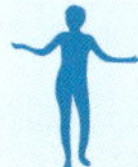

II
Einzel

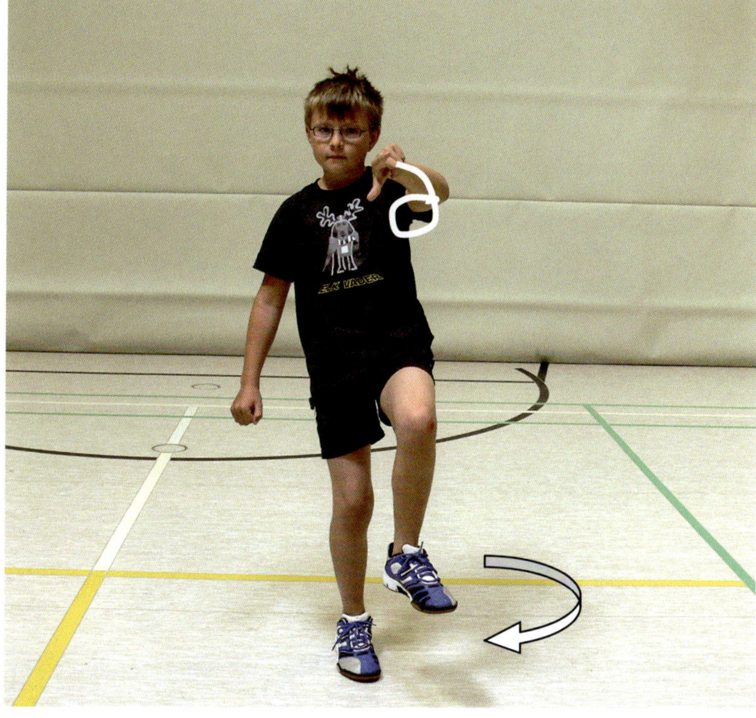

Im Einbeinstand wird der Unterschenkel des linken gehobenen Beines im Uhrzeigersinn gekreist. Dabei schreibt die linke Hand eine imaginäre „Sechs“ in die Luft.

Variationen

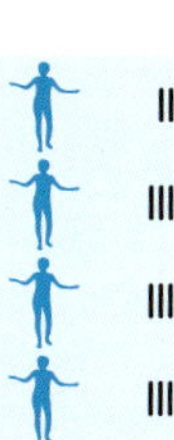

- Rechtes Bein, rechter Arm — II
- Bein gegen den Uhrzeigersinn kreisen — III
- Schreiben einer imaginären „Neun“ — III
- Bein pendelt, Hand „malt“ Kreuze oder schreibt Namen — III

Organisation – Präzision

I
Einzel

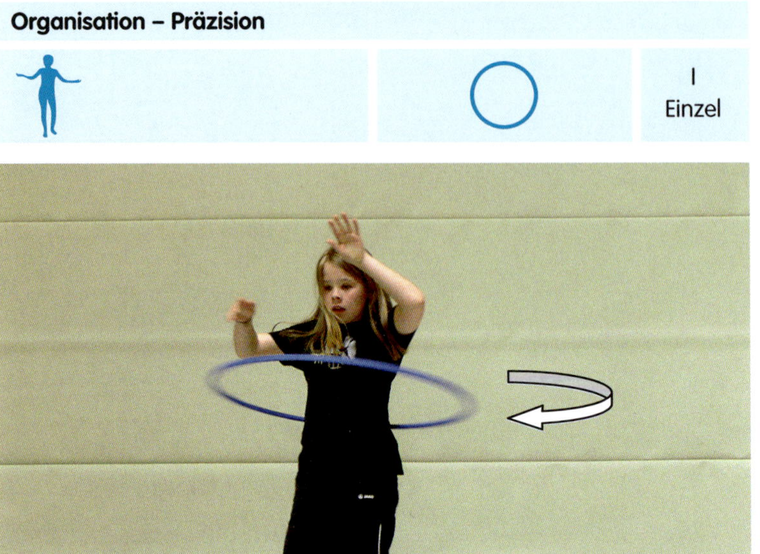

Hula-Hoop: Einen Reifen oberhalb der Beckenknochen durch schwingende Hüftbewegungen zum Kreisen bringen.

Variationen

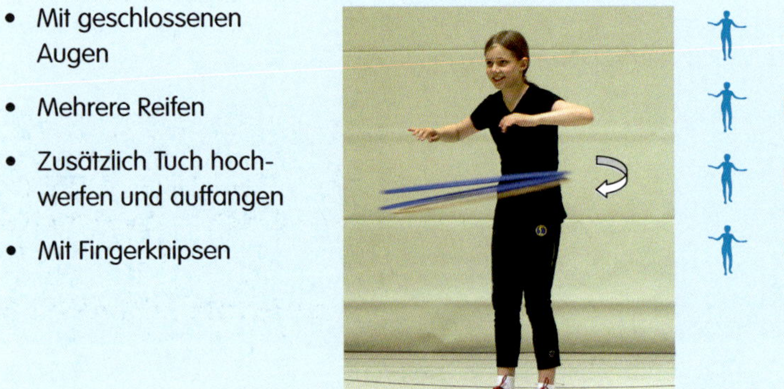

- Mit geschlossenen Augen — II
- Mehrere Reifen — III
- Zusätzlich Tuch hochwerfen und auffangen — III
- Mit Fingerknipsen — III

72

Organisation – Präzision

		I Einzel

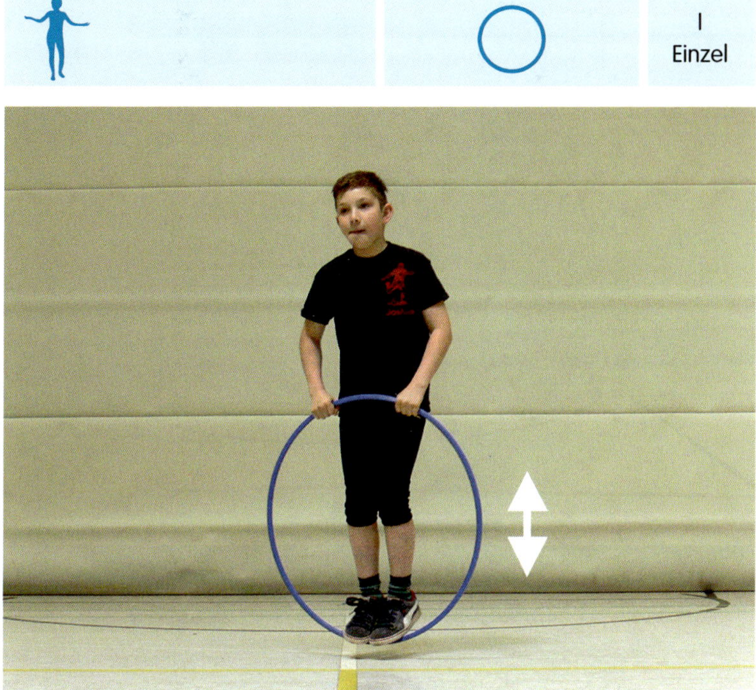

Beide Beine und Arme am Reifen. Mit dem Reifen hüpfen und sich dabei drehen.

Variationen

- Beide Beine und ein Arm am Reifen — II
- Ein Bein und ein Arm am Reifen — II
- Zusätzlich mit der freien Hand ein Tuch hochwerfen — III
- Beide Beine und ein Arm am Reifen. Zusätzlich mit dem freien Arm einen zweiten Reifen kreiseln lassen — III

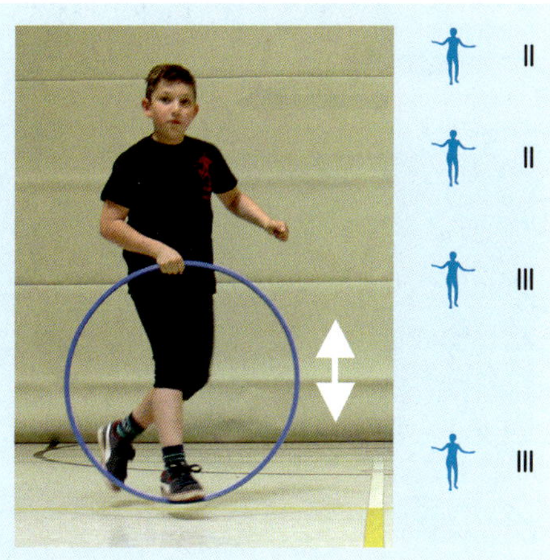

73

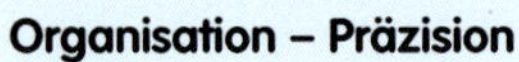

Organisation – Präzision

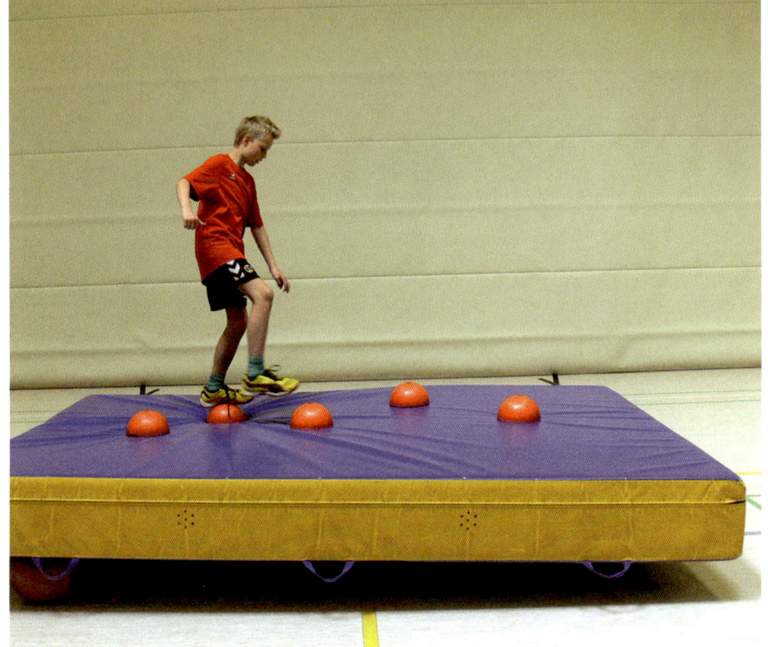

Zehn bis zwölf Medizinbälle unter eine Weichbodenmatte legen. Auf Slalomtellern über die Matte gehen, ohne die Matte zu berühren.

Variationen

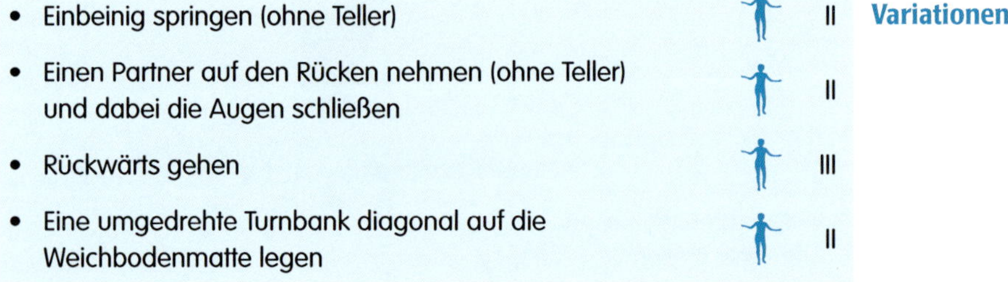

- Einbeinig springen (ohne Teller) — II
- Einen Partner auf den Rücken nehmen (ohne Teller) und dabei die Augen schließen — II
- Rückwärts gehen — III
- Eine umgedrehte Turnbank diagonal auf die Weichbodenmatte legen — II

74 Organisation – Präzision

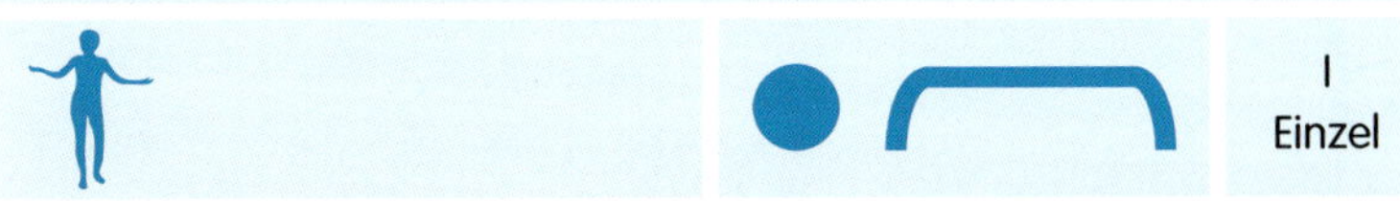

I
Einzel

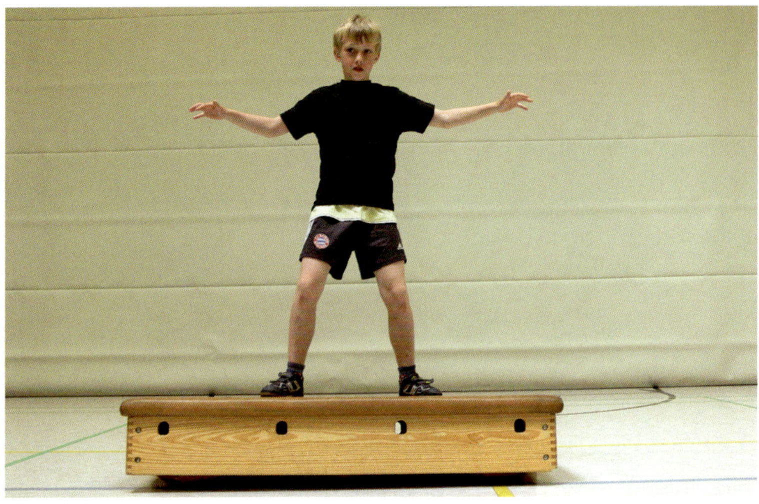

Das Kastenoberteil mit der Lederseite nach oben auf drei Medizinbälle legen. Beidbeinig auf dem Kastenoberteil stehen und Gewichtsverlagerungen (Beugen, Drehen) ausgleichen.

Variationen

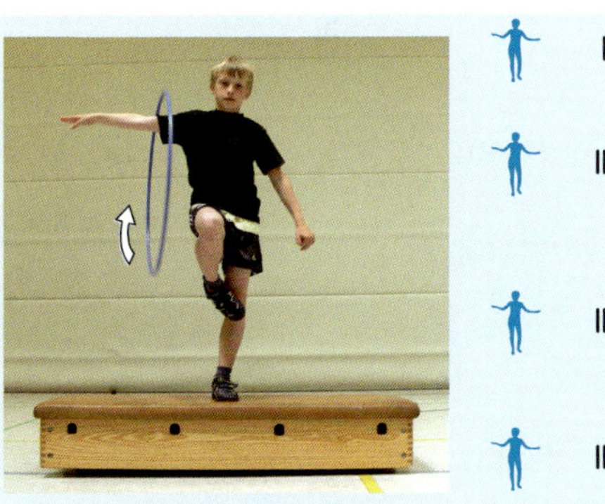

- Einbeinig — I
- Einbeinig und gleichzeitig Armbewegung (z. B. Hampelmann) — II
- Einbeinig und zusätzlich einen Reifen um den Arm kreiseln lassen — II
- Mit geschlossenen Augen — II
- 180°- oder 360°-Drehungen — II
- Vom Boden auf das Kastenoberteil springen und die Balance halten — II

75

Organisation – Zeit und Präzision

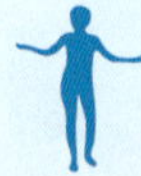	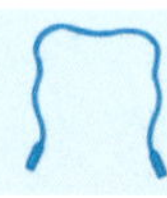	I Einzel

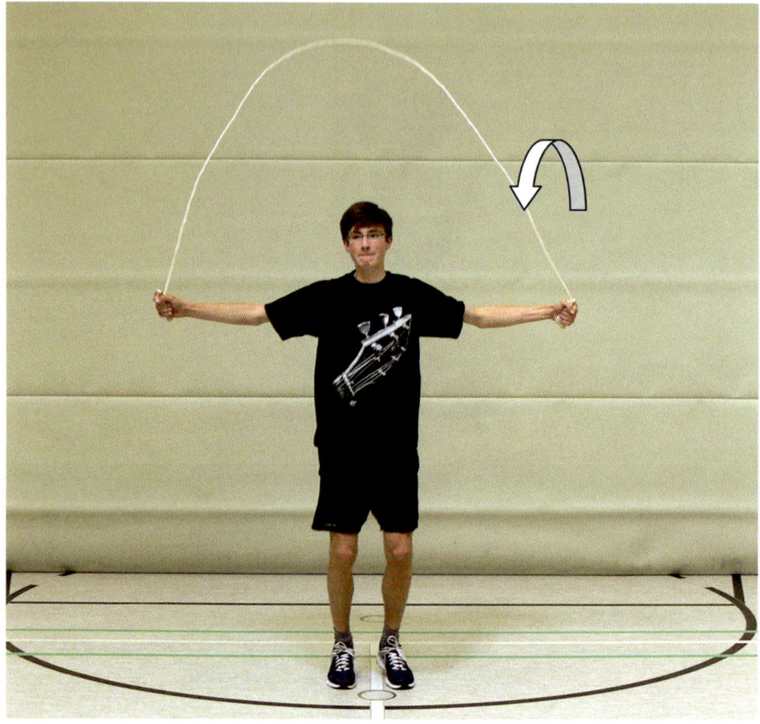

Beidbeiniges Springen in Schlusssprungstellung vorwärts am Ort. Gleichzeitiges Landen auf beiden Fußballen.

Variationen

- Mit und ohne Zwischenfedern — I
- Rückwärts — I
- Vor und zurück über eine Linie — I
- Rechts und links über eine Linie — I
- Knie anhocken beim Sprung — I
- Hacken anfersen beim Sprung — I
- Auf Weichbodenmatte — II

76

Organisation – Zeit und Präzision

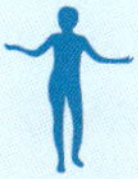

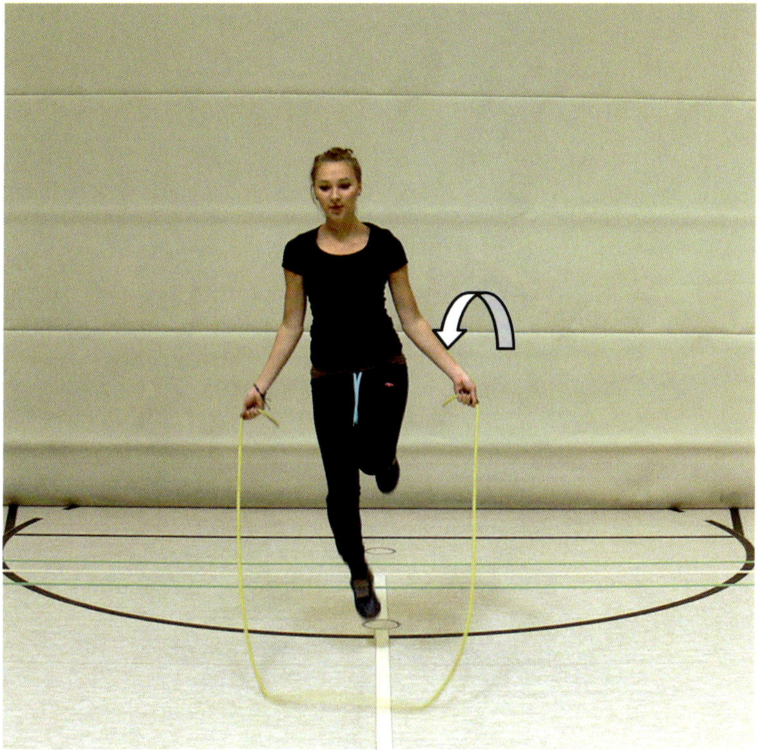

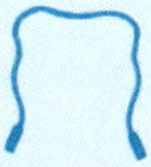

Seilspringen vorwärts am Ort auf dem rechten Fuß.

Variationen

- Mit und ohne Zwischenfedern — I
- Mit linken Fuß — I
- Rückwärts springen — I
- Nach jedem zweiten Seildurchschlag Fußwechsel — II
- Nach jedem Seildurchschlag Fußwechsel: „Laufen am Ort" — II

Organisation – Zeit und Präzision

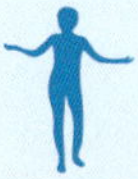

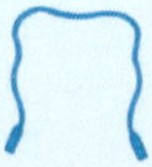

		I Einzel

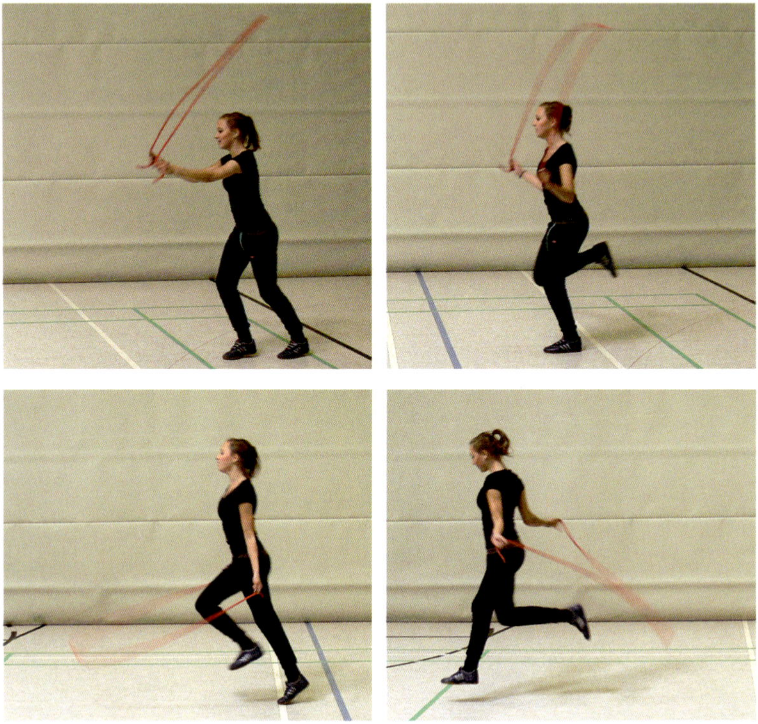

Mit dem Seil vorwärts laufen und bei jedem zweiten Schritt einen Seildurchschlag.

Variationen

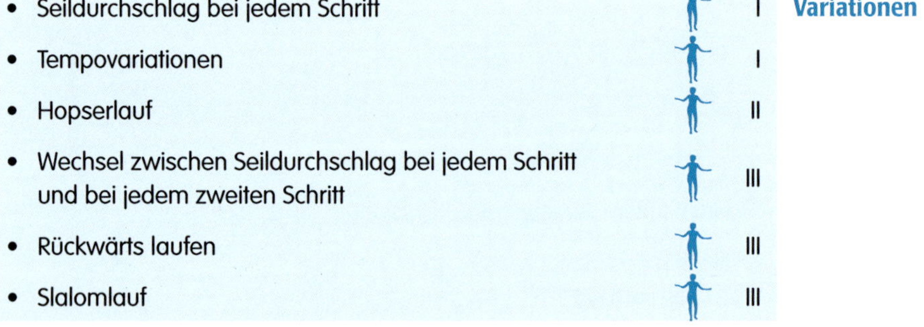

- Seildurchschlag bei jedem Schritt — I
- Tempovariationen — I
- Hopserlauf — II
- Wechsel zwischen Seildurchschlag bei jedem Schritt und bei jedem zweiten Schritt — III
- Rückwärts laufen — III
- Slalomlauf — III

78

Organisation – Zeit und Präzision

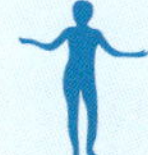

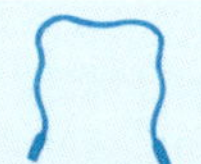

II
Einzel

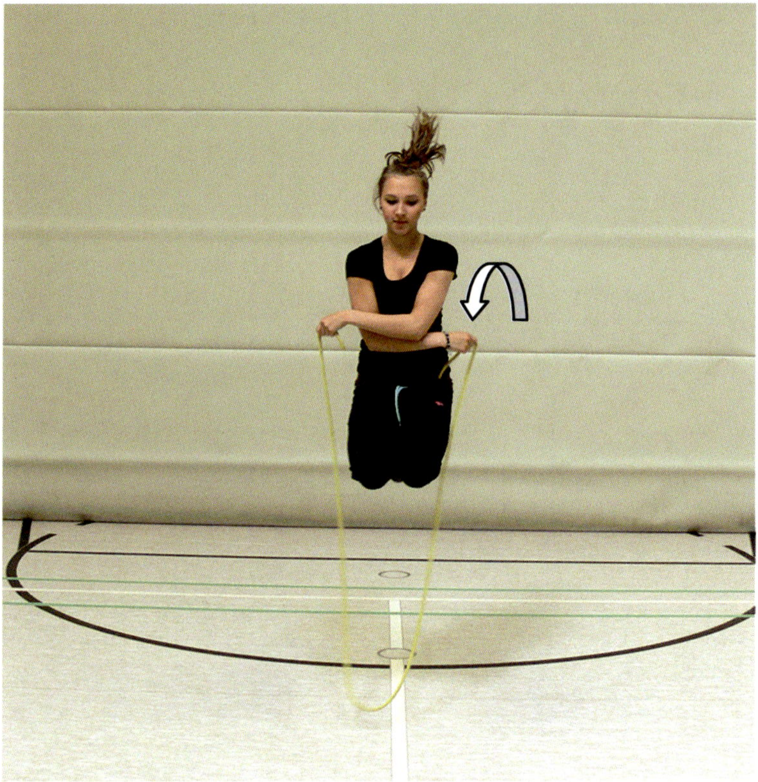

Kreuzsprung: Beidbeiniges Springen in Schlusssprungstellung vorwärts am Ort, durch ein gekreuztes Seil hindurchspringen (Hände vor dem Körper kreuzen).

Variationen

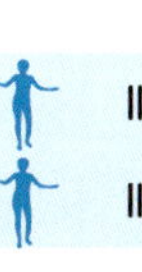

- Rückwärts III
- Wechsel zwischen Kreuz- und Einzelsprüngen III

79

Organisation – Zeit und Präzision

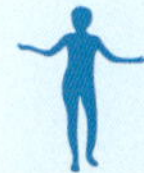

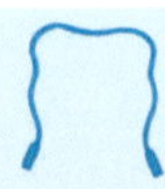

II
Einzel

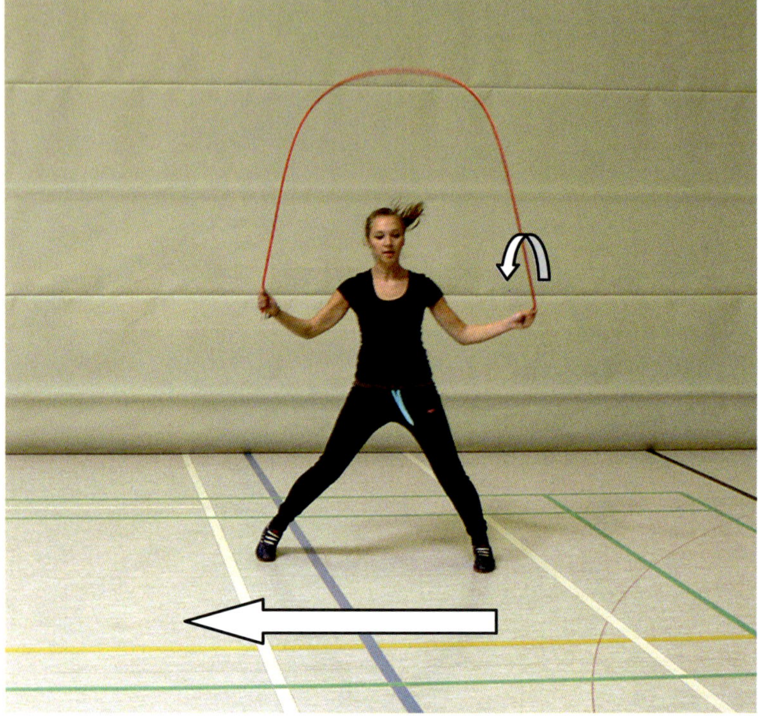

Nachstellhüpfer: Seitwärts in eine Richtung springen, Seildurchschlag bei jedem Schritt. Seil vorwärts drehen.

Variationen

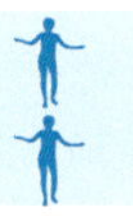

- 180°-Drehung nach jedem/jedem zweiten/… Schritt — III
- Seil rückwärts drehen — III

80

Organisation – Zeit und Präzision

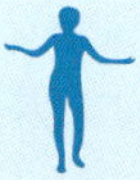

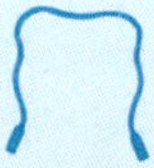

II
Einzel

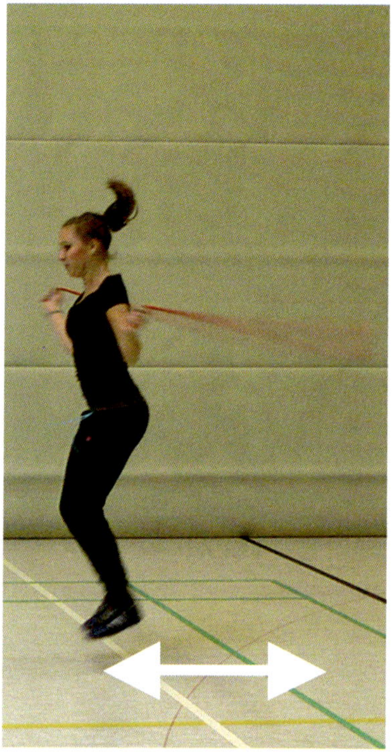

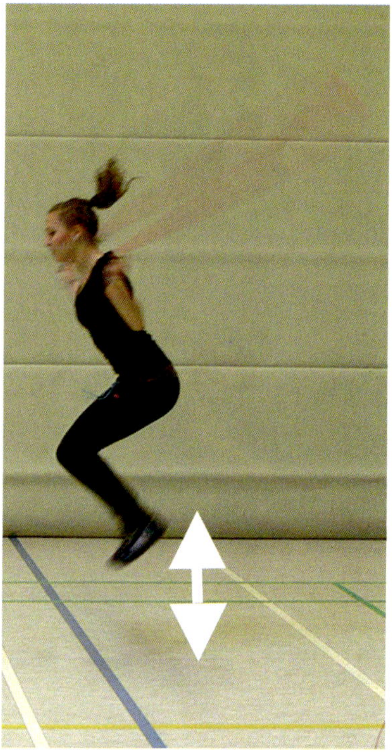

Abwechselnd hoch (am Ort) und weit springen (Raum gewinnen).

Variationen

- Mit und ohne Zwischensprung II
- Rhythmuswechsel z. B. hoch – weit / weit – hoch II

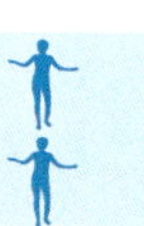

81

Organisation – Zeit und Präzision

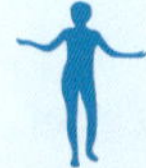

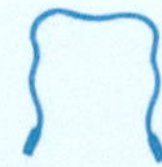

II
Einzel

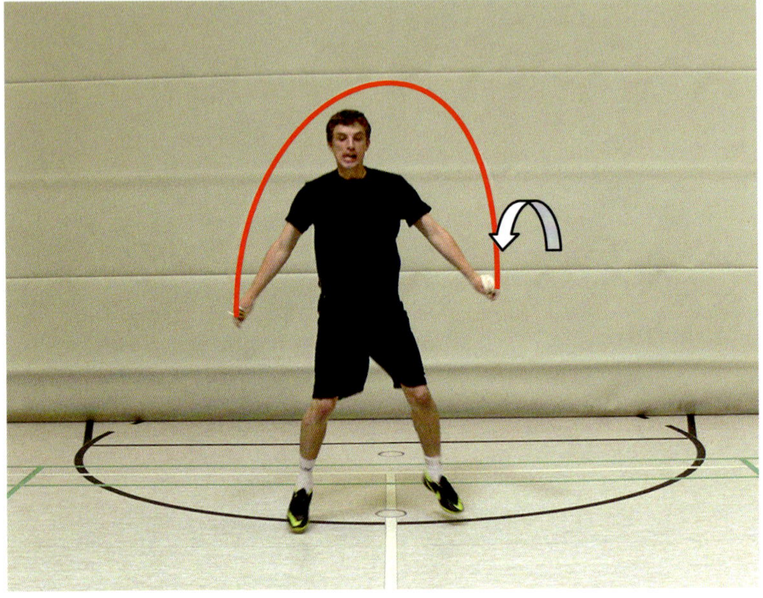

Seilspringen vorwärts am Ort. Bei jedem Seildurchschlag die Beine grätschen (Grätschsprung, Hampelmannsprung).

Variationen

- Schrittsprung bei jedem Seildurchschlag: Ein Fuß nach vorne, ein Fuß zurück; Wechsel nach jedem Seildurchschlag — II
- Kreuzen der Beine bei jedem Seildurchschlag (vorne und hinten möglich) — II
- Rhythmuswechsel (grätschen – spreizen) — III

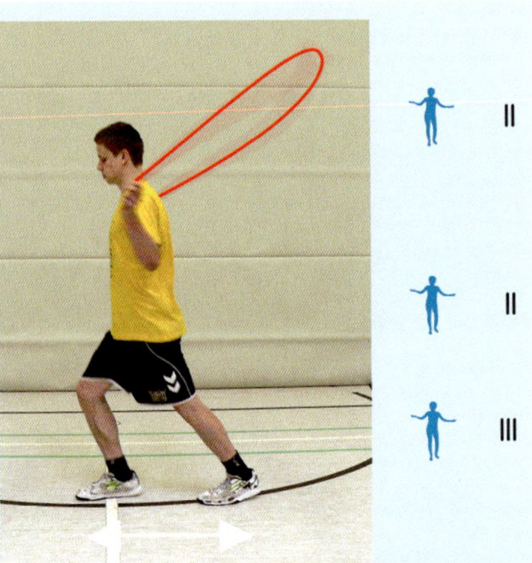

82

Organisation – Zeit und Präzision

II
Einzel

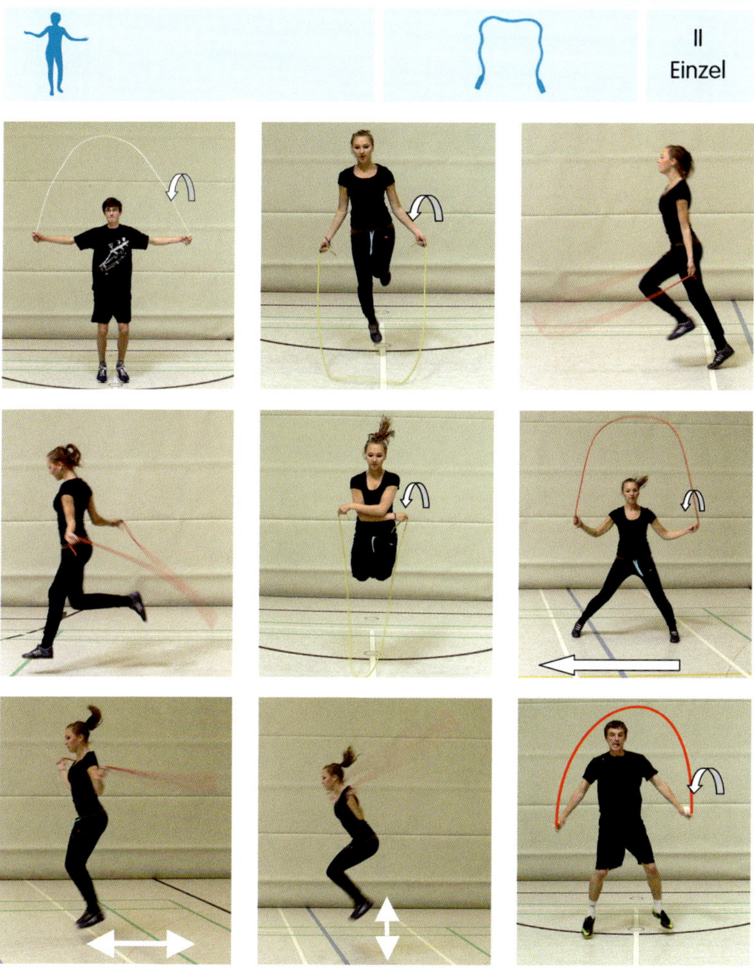

Seilkombinationen:

Z. B. 4 Schlusssprünge am Ort mit Zwischensprung
2 Schlusssprünge am Ort ohne Zwischensprung
4 Schlusssprünge am Ort mit Zwischensprung
2 Schlusssprünge am Ort ohne Zwischensprung
8 Laufschritte: Seildurchschlag bei jedem zweiten Schritt
8 Laufschritte: Seildurchschlag bei jedem Schritt

Variation
- Vielfältige Kombinationen mit verschiedenen Elementen I-III

83

Organisation – Zeit und Präzision

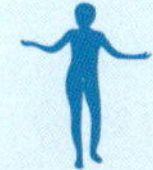

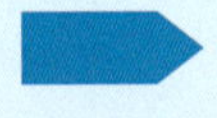

II
Einzel

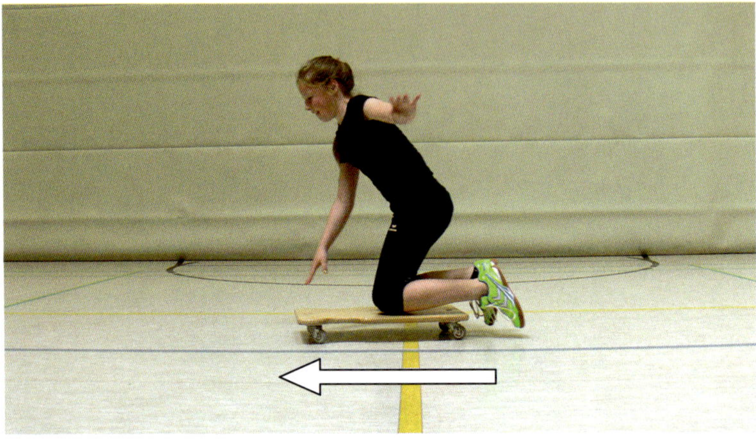

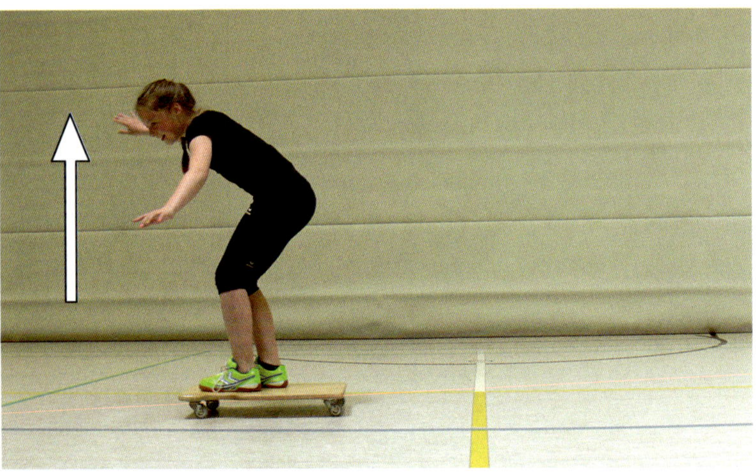

Auf dem Rollbrett knien und mit dem Fuß vom Boden abstoßen. Während des Rollens langsam aufrichten.

Variationen

- Mit geschlossenen Augen III
- Auf einem Bein stehen III

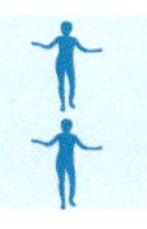

84 Organisation – Präzision

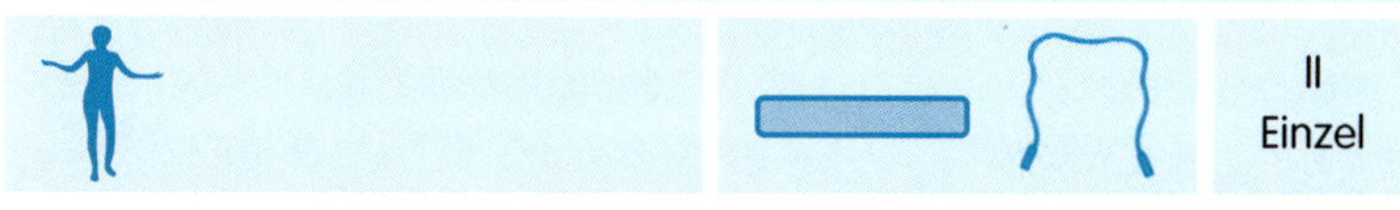

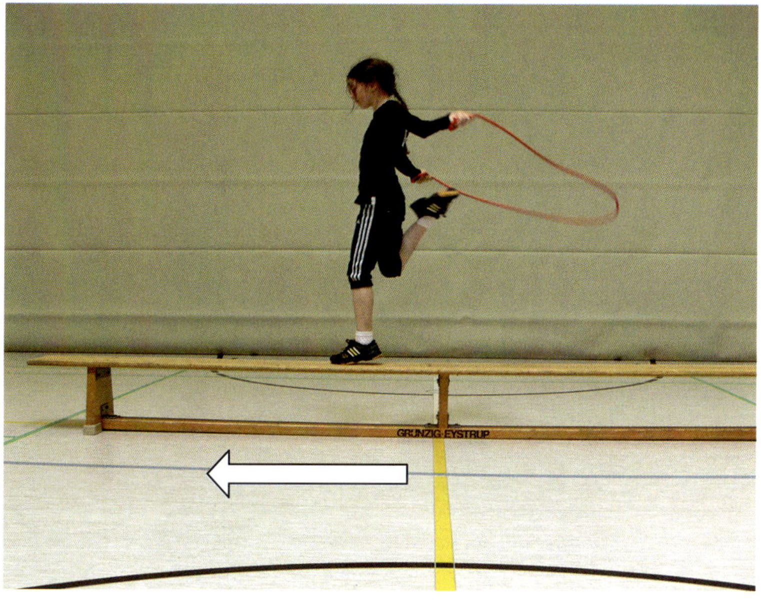

Die Bank vorwärts mit Seilsprüngen überqueren.

Variationen

- Tempovariationen
- Rückwärts
- Verschiedene Sprungvarianten (vgl. Übungen mit dem Seil)

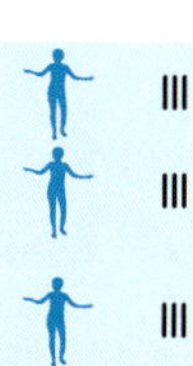

85

Organisation – Präzision

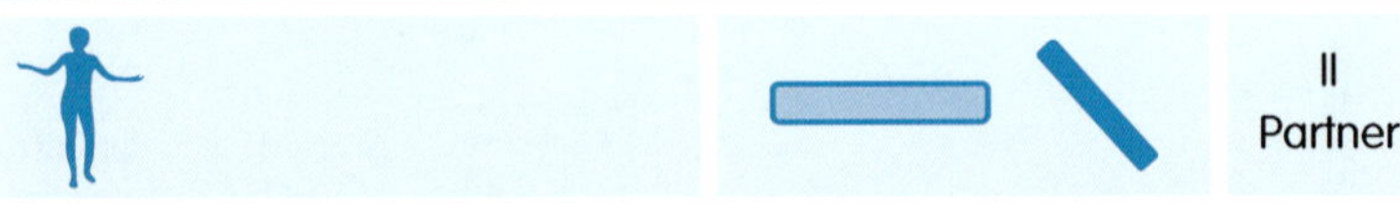

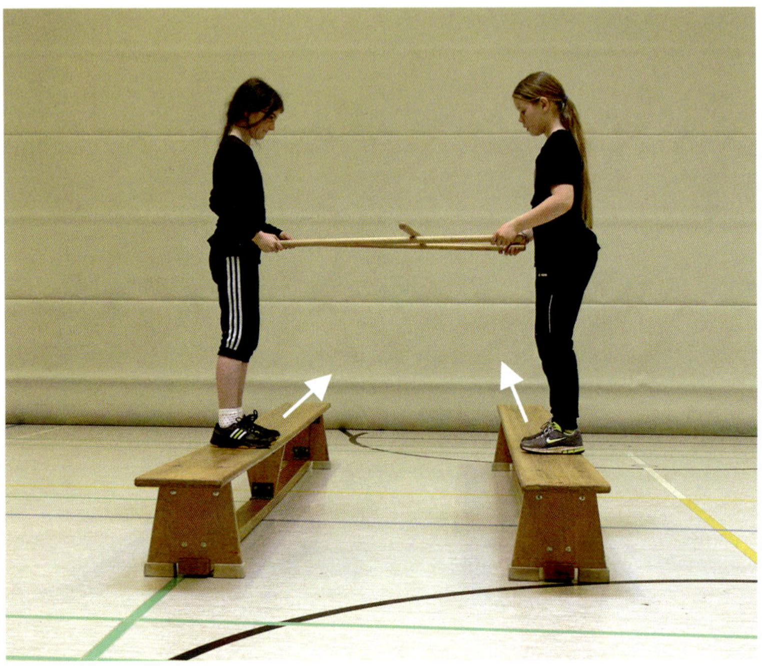

Zwei Bänke im Abstand von drei Metern parallel gegenüberstellen. Zwei Partner stehen sich auf den Bänken gegenüber und halten zwei Stäbe fest. Ein dritter Stab liegt auf den zwei Stäben und soll beim Balancieren über die Bank nicht nach unten fallen.

Variationen

- Mit geschlossenen Augen III
- Umgedrehte Bank III
- Mit Kreuzschritten III

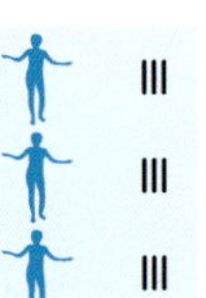

86

Organisation – Präzision

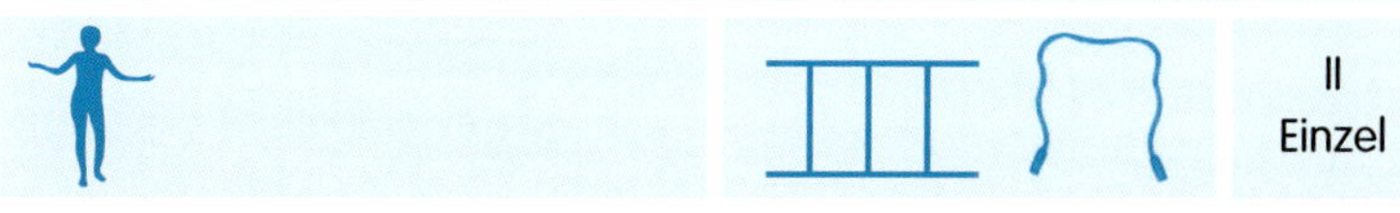

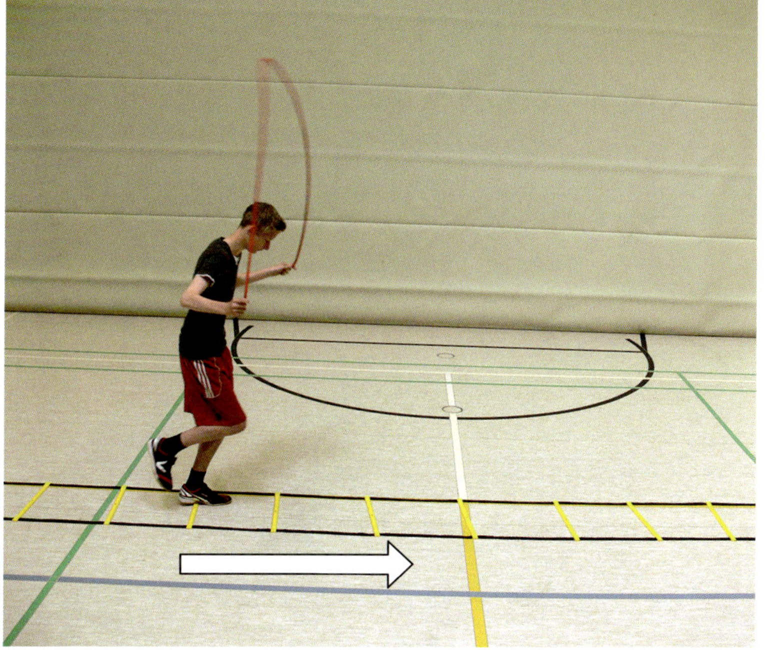

Mit einem Seil durchlaufend vorwärts die Leiter durchqueren. Ein Bodenkontakt pro Feld.

Variationen

- Rückwärts
- Zwei Bodenkontakte pro Feld
- Möglichst schnell
- Verschiedene Sprungformen (vgl. Übungen mit dem Seil)
- Alternative zu der Koordinationsleiter: Reifenbahn OOOOOO

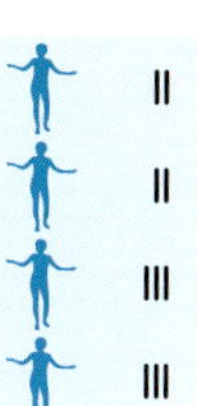

87

Organisation – Präzision

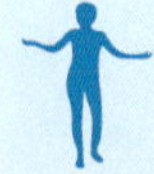

II
Einzel

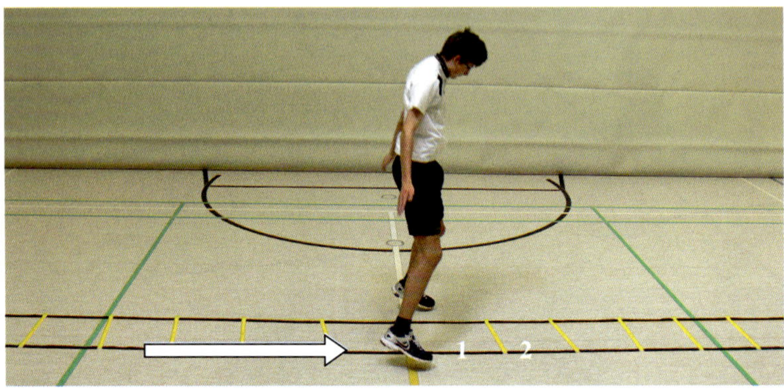

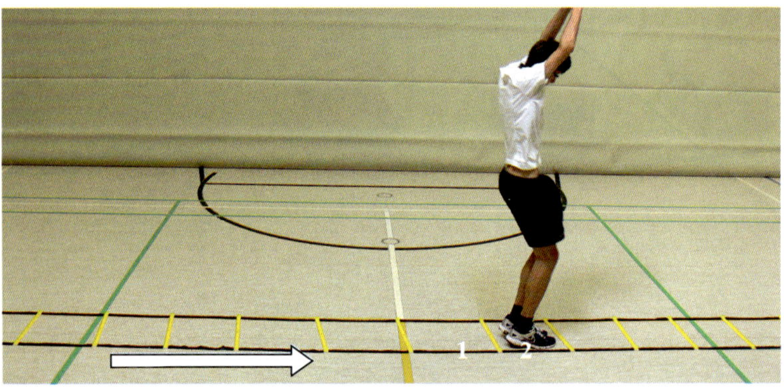

Die Beine grätschen, sodass sie außerhalb des ersten Feldes positioniert sind und dabei die Arme öffnen. Dann mit beiden Beinen in das zweite Feld hineinspringen und dabei die Arme über den Kopf zusammenschlagen.

Variationen

- Rückwärts — III
- Hampelmann komplett in einem Feld, dann in das nächste Feld vorhüpfen — III
- Möglichst schnell — III
- Alternative zu der Koordinationsleiter: Reifenbahn OOOOOO — II

88

Organisation – Präzision

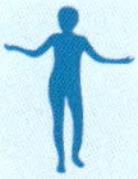

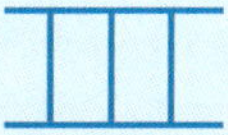

II
Einzel

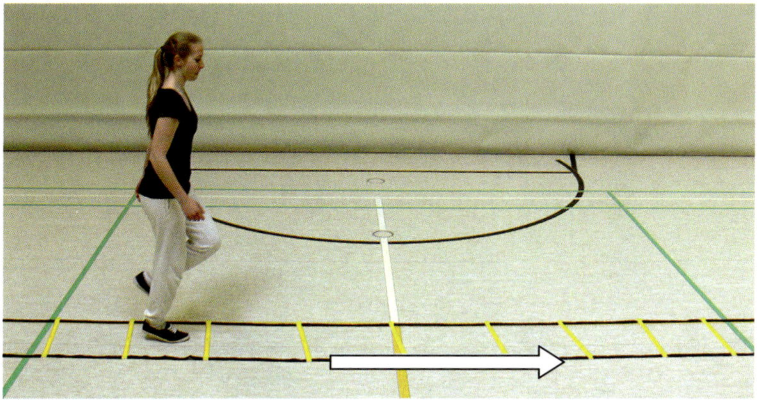

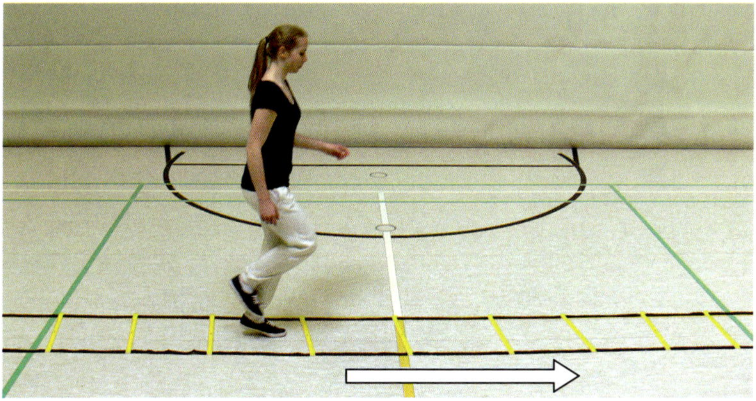

Die Koordinationsleiter mit einem Hopserlauf durchqueren. Dabei ein Bodenkontakt pro Feld.

Variationen

- Rückwärts III
- Zusätzlich Armkreisen: vorwärts, rückwärts, wechselseitig III
- Alternative zu der Koordinationsleiter: Reifenbahn OOOOOO III

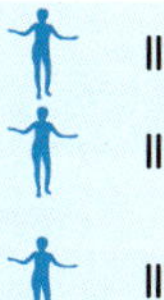

89

Organisation – Präzision Variabilität – Präzision

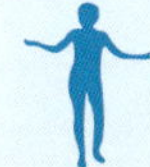

I
Partner

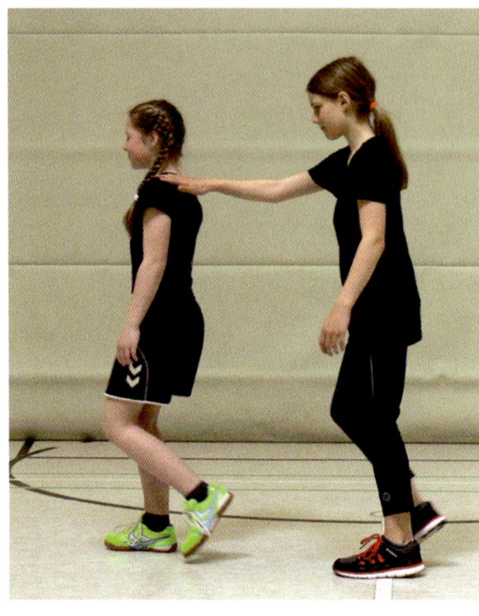

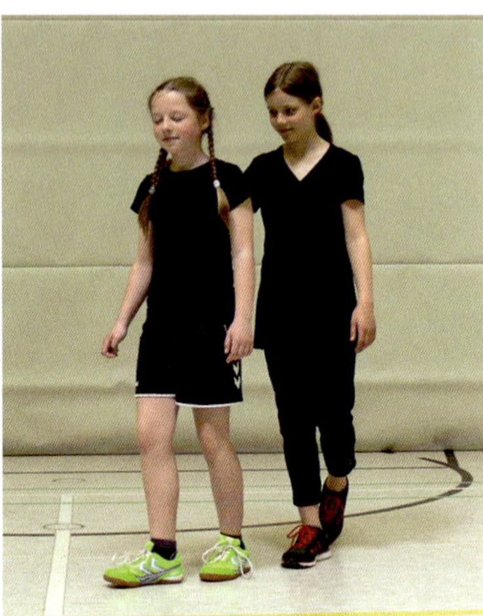

Zwei Partner bewegen sich hintereinander durch die Halle:
1. Partner = Roboter, 2. Partner = Steuermann.

Bedienungselemente:
1x mit beiden Händen auf Schulter klopfen: Start
2x mit beiden Händen auf Schulter klopfen: Stopp
1x rechts auf die Schulter klopfen: 90°-Drehung nach rechts
1x links auf die Schulter klopfen: 90°-Drehung nach links

Variationen

- Zusätzlich:
  1x tippen auf Arm oder Hüfte: Kreisen des Armes bzw. der Hüfte
  3x tippen auf Arm oder Hüfte: Kreisbewegung aufgehoben 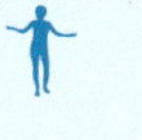  II
- Mit geschlossenen Augen des Roboters 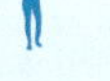 III
- Mit einem anderen Paar: Start Rücken an Rücken der Roboter. Ziel ist es, die Roboter mit Gesicht zueinander zusammenzubringen 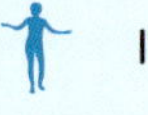 III
- Roboter läuft 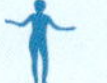 II

90

Organisation – Präzision Variabilität – Zeit

II Partner

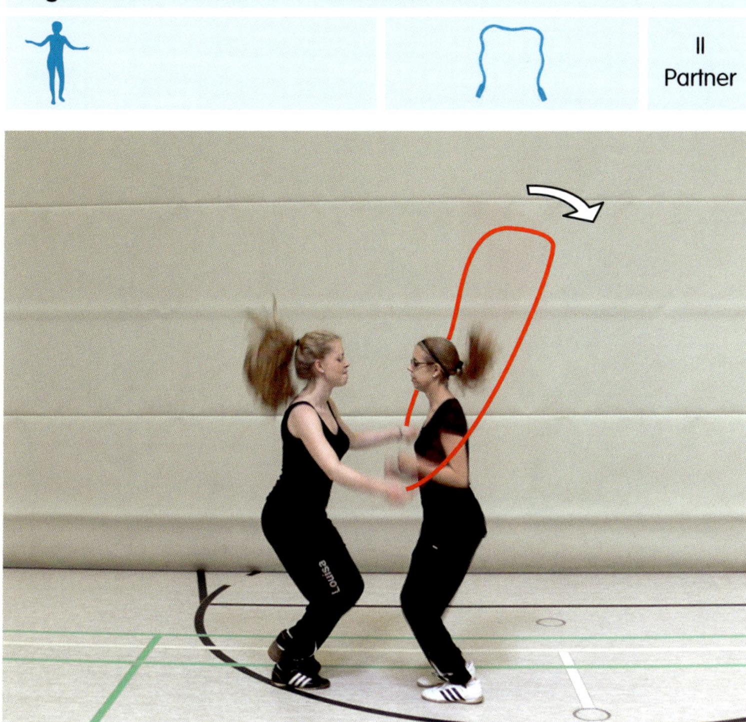

Zwei Partner stehen sich dicht gegenüber. Ein Partner schwingt das Seil vorwärts und beide müssen über das Seil springen.

Variationen

- Ohne und mit Zwischensprung II
- Rückwärts II
- Der andere Partner schwingt das Seil II
- Partner stehen hintereinander II
- Partner stehen versetzt nebeneinander II
- Ein Partner steigt während des Springens aus, der andere springt alleine weiter, erneutes Einlaufen des Partners III
- Variieren zwischen mit und ohne Zwischensprung III

Organisation – Zeit und Präzision 91

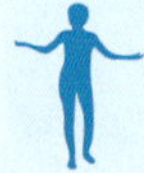

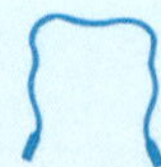

III
Einzel

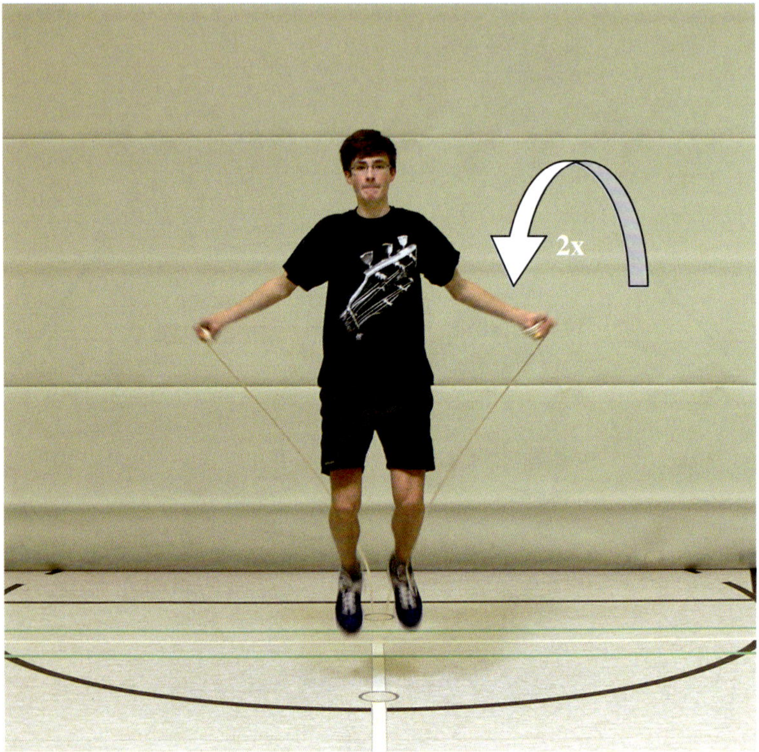

Doppelsprung: Beidbeiniges Springen in Schlusssprungstellung vorwärts am Ort, Seil nach jedem Bodenkontakt zweimal durchschwingen.

Variationen

- Wechsel zwischen Doppel- und Einzelsprüngen III
- Einbeinig (rechts und links) III

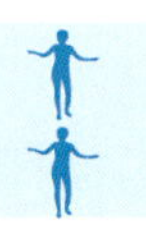

92 Organisation – Zeit und Präzision

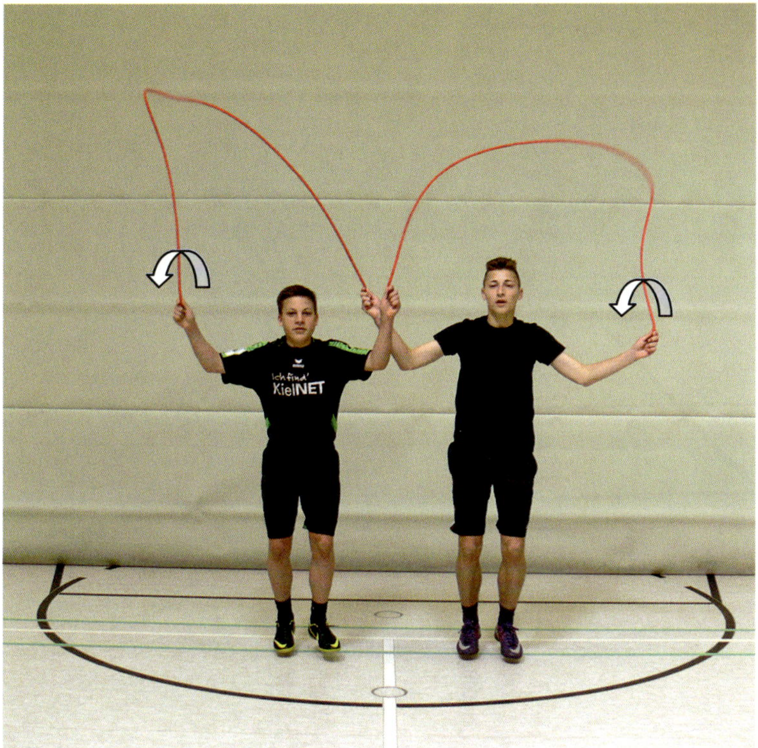

Zwei Partner halten zwei Enden zweier verschiedener Seile fest und stehen nebeneinander. Sie drehen die Seile vorwärts und springen drüber.

Variation

- Verschiedene Lauf- und Hüpfvorgaben III

93

Organisation – Zeit und Präzision

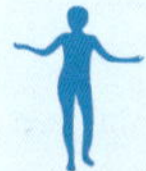

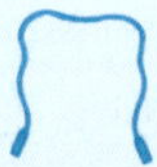

III
Gruppe

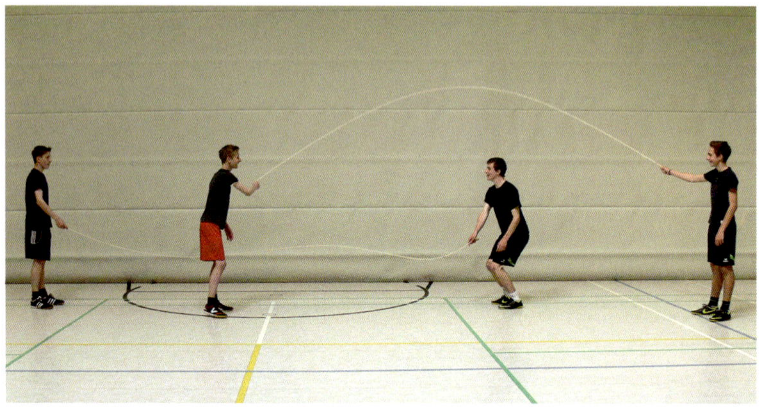

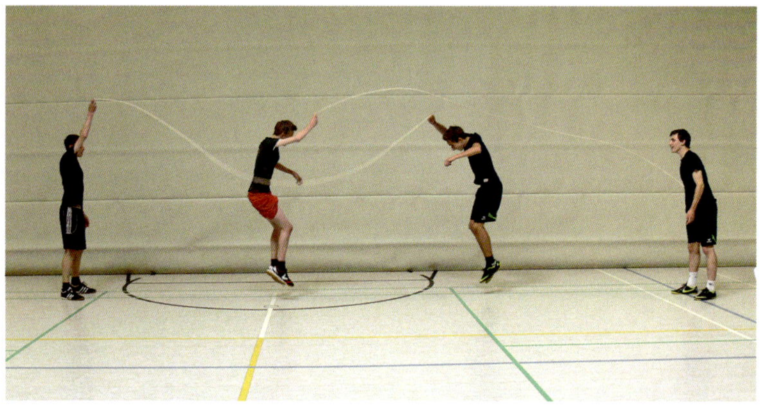

Kreuzschlagen: Zwei Paare stehen hintereinander auf einer Linie. Hierbei müssen die zwei Dreher, die innen stehen, selbst mitspringen und einen Rhythmus „Sprung-Schlag-Sprung" vollziehen.

- Verschiedene Lauf- und Hüpfvorgaben

III **Variation**

94 Organisation – Zeit und Präzision

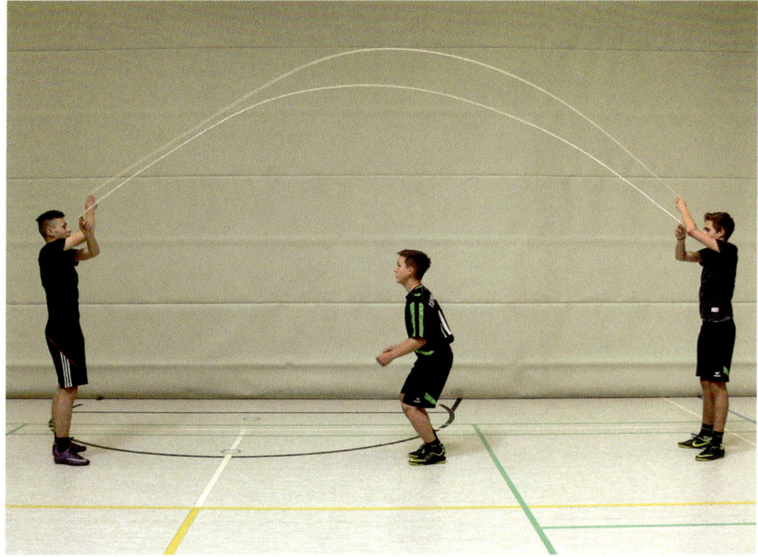

Springen in zwei Seilen: Zwei Dreher schwingen zwei Seile in die gleiche Richtung, sodass beide Seile gleichzeitig am Boden sind. Der Springer steht zwischen den Drehern und springt.

Variationen

- Durchlaufen III
- Hineinlaufen und springen (1, 2, 3 …) und rauslaufen III
- Mit mehreren Sprüngen ein- und auslaufen III

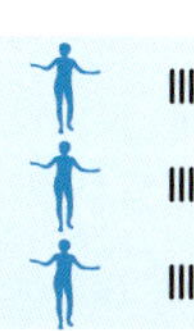

95

Organisation – Zeit und Präzision

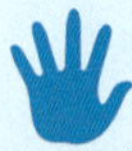

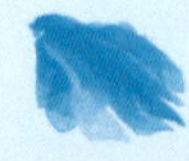

II
Einzel

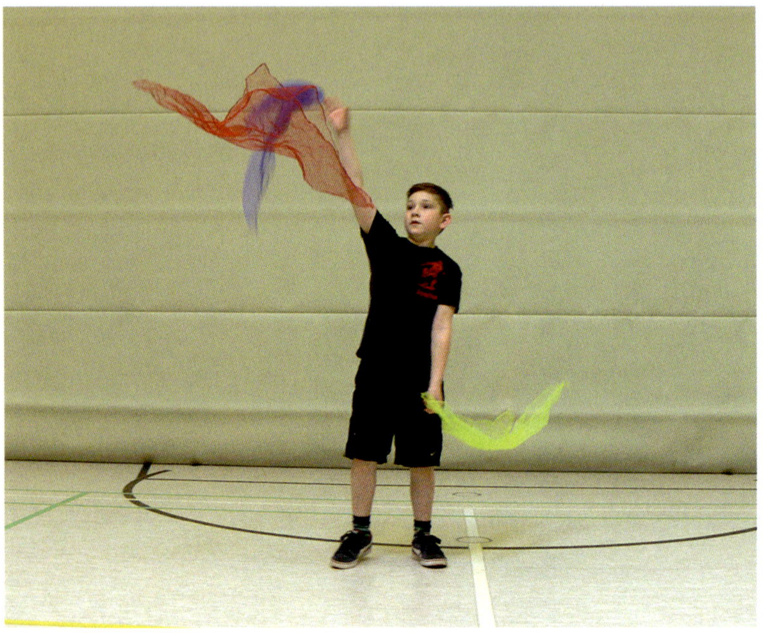

Drei Tücher jonglierend in der Luft halten.

Variationen

- Nachdem ein Tuch die Hand verlassen hat, einmal mit den Fingern dieser Hand schnipsen III
- Zusätzlich eine Frisbee-Scheibe auf dem Kopf balancieren III
- Auf einer Weichbodenmatte III

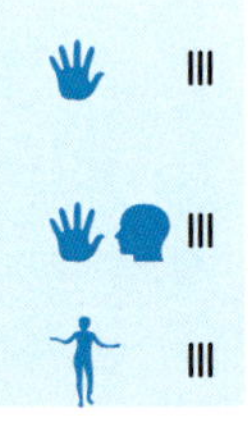

96

Variabilität – Zeit Organisation – Zeit

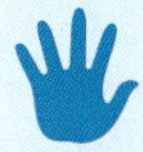

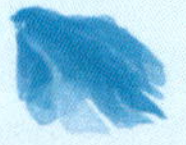

I
Partner

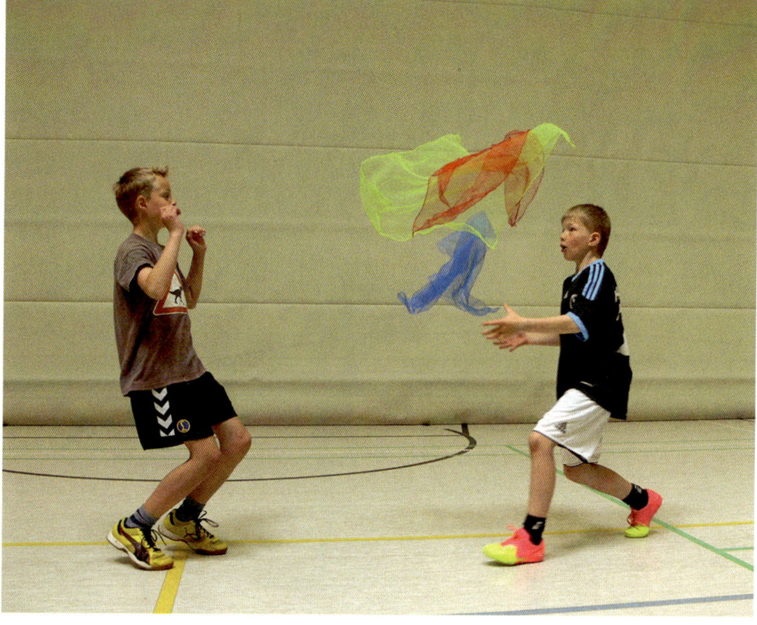

Zwei Partner stehen sich gegenüber. Ein Partner wirft drei unterschiedlich farbige Tücher hoch und nennt die Reihenfolge, in der der Partner die Tücher fangen soll (z. B. rot, gelb, blau).

Variationen

- Der Partner fängt zuerst die zuletzt genannte Farbe  II
- Anzahl der Tücher erhöhen IIII
- Der Partner steht auf einem Wackelbrett bzw. labiler Unterlage  III

97

Variabilität – Zeit Komplexität – Präzision

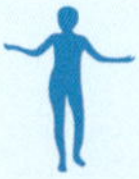

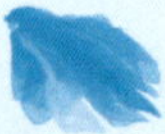

I
Partner

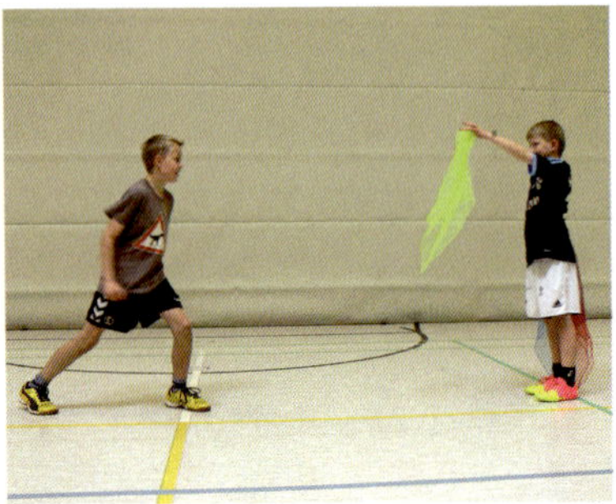

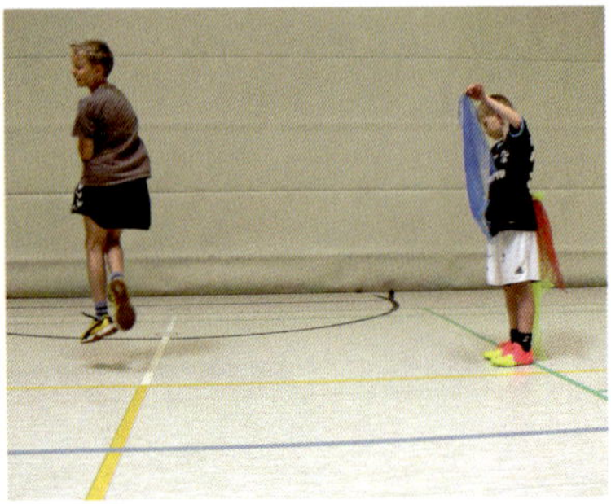

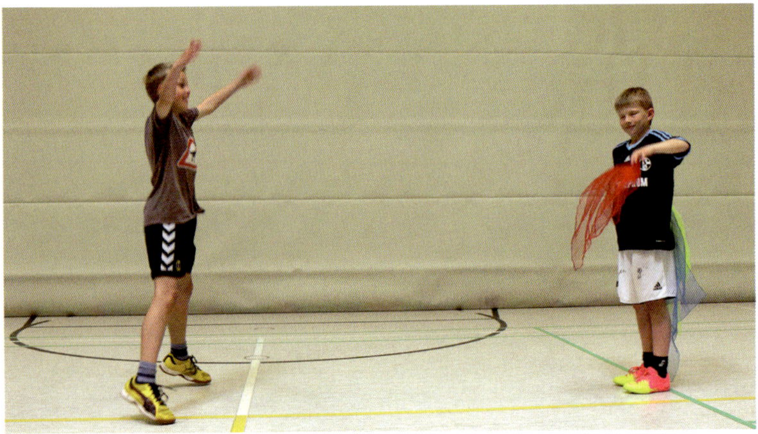

Zwei Partner stehen sich gegenüber. Ein Partner hält drei verschiedenfarbige Tücher hinter dem Rücken und zeigt dem Partner immer eines der Tücher. Dieser muss je nach Farbe verschiedene Bewegungsaufgaben lösen: z. B. rot: Hampelmann, blau: 360°-Drehung, gelb: Skilaufen.

Variationen

- Anzahl der Tücher erhöhen 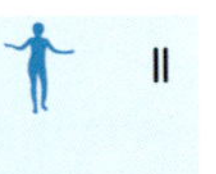 II
- Bewegungsaufgaben erschweren (vgl. Übungen ohne Geräte) oder Geräte einsetzen (vgl. Übungen mit Stäben, Seilen, Reifen, Koordinationsleiter, Bänke usw.) 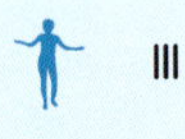 III

98

Variabilität – Zeit Organisation – Präzision

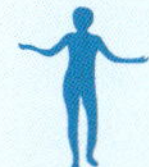

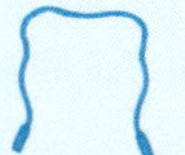

I
Partner

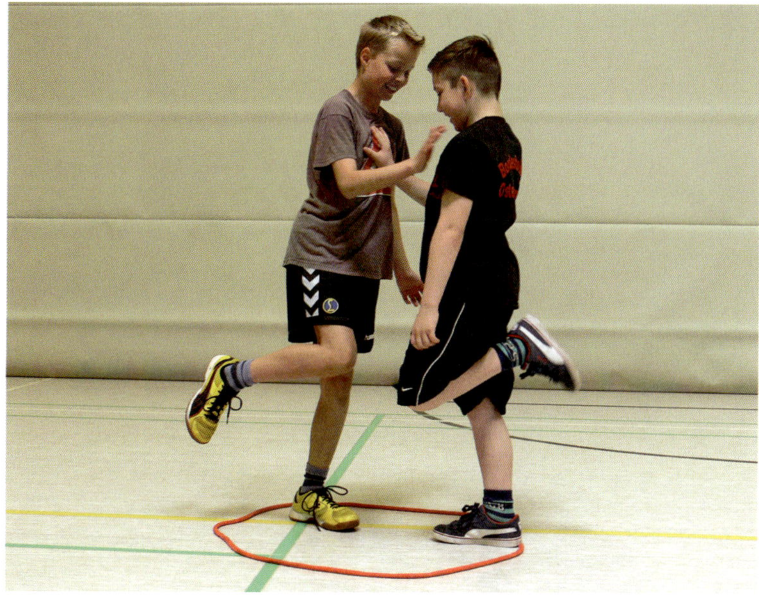

Zwei Partner stehen auf einem Bein mit angelegten Armen innerhalb eines am Boden ausgelegten Seils (Kreis). Sie versuchen, den anderen Partner aus dem Gleichgewicht zu bringen, sodass dessen zweites Bein den Boden berührt. Dabei darf der Kreis nicht verlassen werden.

Variationen

- Mit geschlossenen Augen – II
- Zusätzlich eine Frisbee-Scheibe auf dem Kopf balancieren – III
- Kreis vergrößern und Rücken an Rücken aufstellen – II

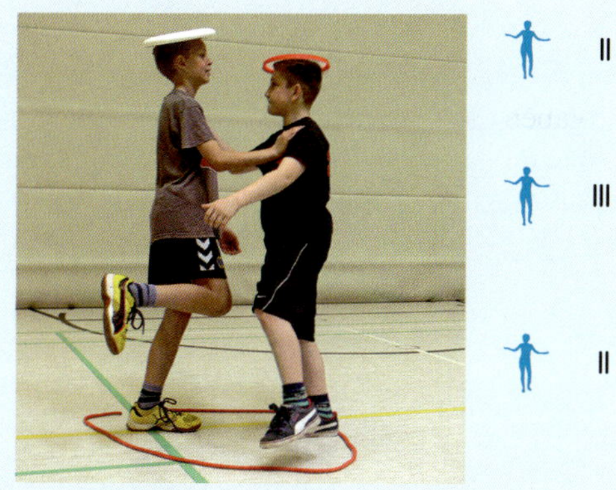

99

Variabilität – Zeit

I–III
Partner

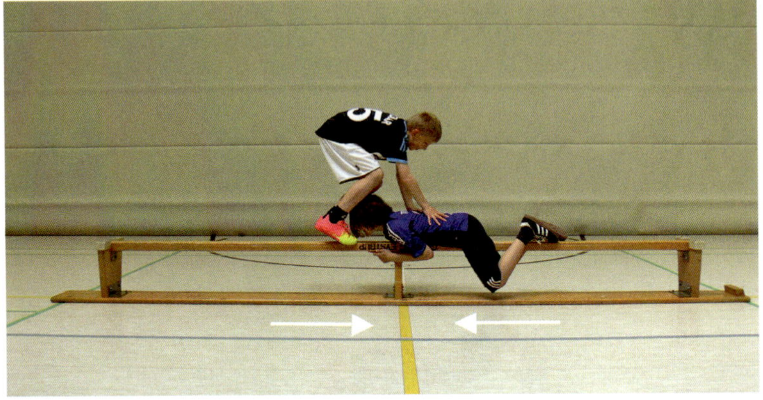

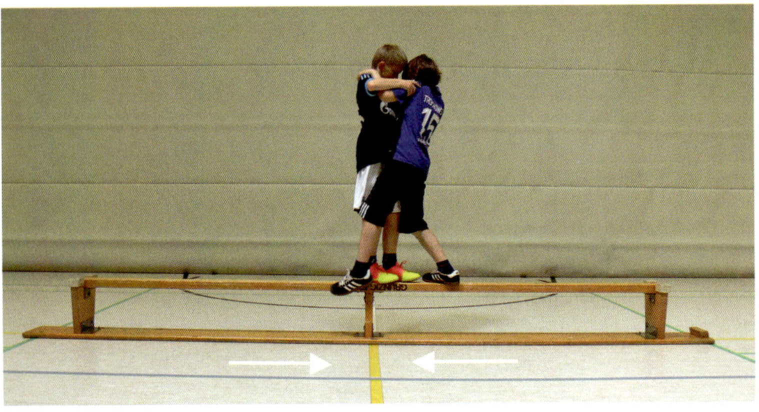

Von beiden Seiten einer umgedrehten Bank kommen sich beide Partner entgegen. Sie müssen aneinander vorbeikommen ohne die Bank zu verlassen. Verschiedene Möglichkeiten (siehe auch Bilder) ausprobieren. Festhalten erlaubt.

Variationen

- Ein Partner hat die Augen geschlossen III
- Drei Personen auf der Bank III

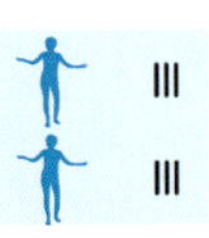

100

Variabilität – Zeit Organisation – Präzision

II
Partner

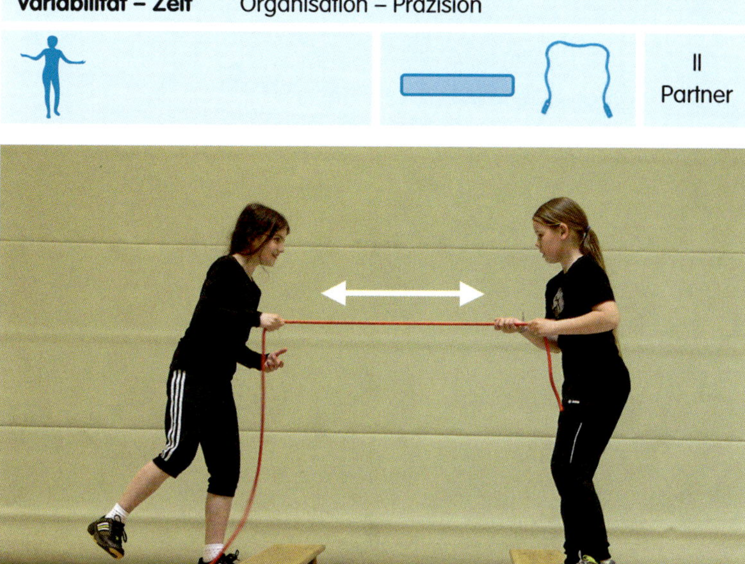

Zwei Bänke im Abstand von zwei bis drei Metern parallel gegenüberstellen. Zwei Partner stehen sich auf den Bänken gegenüber und halten in jeder Hand das Ende eines Seils. Sie versuchen, sich durch Ziehen aus dem Gleichgewicht zu bringen.

Variationen

- Mit geschlossenen Augen III
- Auf einem Bein III
- Umgedrehte Bank III
- Im Dreieck mit drei Personen III

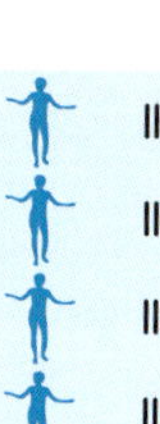

101

Variabilität – Zeit Organisation – Präzision

II
Gruppe

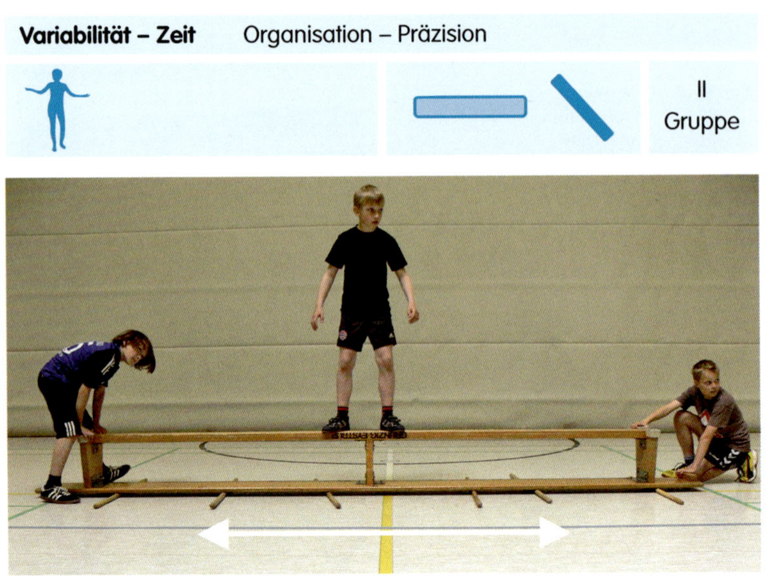

Eine umgedrehte Bank auf Gymnastikstäbe legen. Auf der Bank befindet sich eine Person. Sie versucht, sich auf der Bank zu halten, während zwei andere Personen die Bank auf den Gymnastikstäben hin- und herrollen.

Variationen

- Ohne Partner, dafür nur mit Turnmatten als Begrenzung, und von einer Seite zur anderen Seite die Bank überqueren — I
- Balancieren von einer Bankseite zur anderen Bankseite (vorwärts, rückwärts, seitwärts) — II
- In die Hocke gehen, wieder aufrichten — II

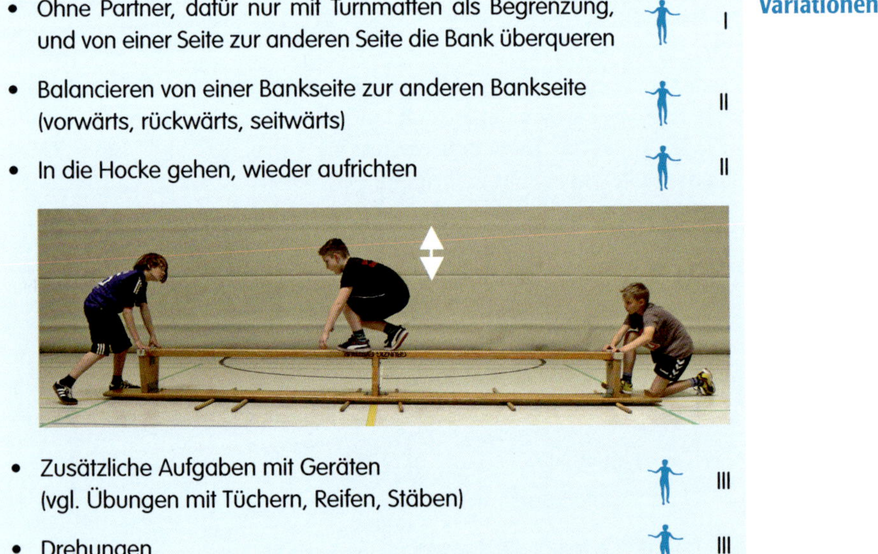

- Zusätzliche Aufgaben mit Geräten (vgl. Übungen mit Tüchern, Reifen, Stäben) — III
- Drehungen — III

Literatur

Bachmann, O. & Fetz, F. (2002). Entwicklung der sensomotorischen Rhythmisierungsfähigkeit. In G. Ludwig & B. Ludwig (Hrsg.), *Koordinative Fähigkeiten – koordinative Kompetenz* (S. 131–135). Kassel: Universitäts-Bibliothek.

Beck, F. (2013a). *Dopaminsport – Hirnforschung zur Optimierung des sportlichen Trainings und Förderung kognitiver Leistung für Schule und Verein.* Unveröffentlichtes Manuskript.

Beck, F. (2013b). *Förderung exekutiver Funktionen in kleinen Sportspielen in der Grundschule – ein neurobiologisch motivierter Ansatz.* Unveröffentlichtes Manuskript.

Berwid, O. G. & Halperin, J. M. (2012). Emerging support for a role of exercise in attention-deficit/hyperactivity disorder intervention planning. *Current Psychiatry Report, 14,* 543–551.

Blair, C. & Razza, R. P. (2007). Relating effortful control, executive function, and false belief understanding to emerging math and literacy ability in kindergarten. *Human Development and Family Studies: Child Development, 78,* 647–663.

Blume, D. D. (1978). Zu einigen wesentlichen theoretischen Grundpositionen für die Untersuchung der koordinativen Fähigkeiten. *Theorie und Praxis der Körperkultur, 27,* 29–36.

Bös, K. & Mechling, H. (1983). *Dimensionen sportmotorischer Leistungen.* Schorndorf: Hofmann.

Burton, A. W. & Miller, D. E. (1998). *Movement Skill Assessment.* Champaign: Human Kinetics.

Deutscher Fußball-Bund (Hrsg.). (2013). *Kinder- und Jugendfußball.* Zugriff am 13. November 2013 unter http://www.training-wissen.dfb.de

Diamond, A. (2013). Executive functions. *Annual Review of Psychology, 64,* 135–168.

Eggert, D. (1974). *Lincoln-Oseretzky-Skalen Kurzform (LOS KF 18)* (2. Aufl.). Weinheim: Beltz.

Eggert, D. (1996). *DMB, Diagnostisches Inventar Motorischer Basiskompetenzen bei lern- und entwicklungsauffälligen Kindern im Grundschulalter.* Dortmund: Borgmann.

Duckworth, A. L. & Seligman M. E. P. (2005). Self-discipline outdoes IQ in predicting academic performance of adolescents. *Psychological Science, 16* (12), 939–944.

Harre, D. (1985). *Trainingslehre.* Berlin: Sportverlag.

Hessisches Kultusministerium (2006). *Lehrplan Sport Hessen. Bildungsgang Realschule.* Wiesbaden: Eigenverlag.

Hirtz, P. (Hrsg.). (1985). *Koordinative Fähigkeiten im Schulsport.* Berlin: Volk und Wissen.

Hirtz P. (Red.). (1988). *Koordinative Fähigkeiten im Schulsport.* Berlin: Sportverlag.

Hirtz, P. (1994). Vielfalt und Reichtum der Individualentwicklung – die motorische Ontogenese. In P. Hirtz, G. Kirchner & R. Pöhlmann (Hrsg.), *Sportmotorik – Grundlagen, Anwendungen und Grenzgebiete* (S. 207–231). Kassel: Unversitäts-Bibliothek.

Hirtz, P. (2003). Koordinative Fähigkeiten. In G. Schnabel, D. Harre, J. Krug & A. Borde (Hrsg.), *Trainingswissenschaft* (S. 126–133). Berlin: Sportverlag.

Hirtz, P. (2007). Koordinative Fähigkeiten und Beweglichkeit. In K. Meinel & G. Schnabel (Red.), *Bewegungslehre – Sportmotorik* (11. Aufl., S. 212–242). Aachen: Meyer & Meyer.

Höner, O. & Roth, K. (2002). Klassische Testtheorie: Die Gütekriterien sportwissenschaftlicher Erhebungsmethoden. In R. Singer & K. Willimczik (Hrsg.), *Sozialwissenschaftliche Forschungsmethoden in der Sportwissenschaft* (S. 67–97). Hamburg: Czwalina.

Hohmann, A., Lames, M. & Letzelter, M. (2010). *Einführung in die Trainingswissenschaft* (5. Aufl.). Wiebelsheim: Limpert.

Joch, W. & Hasenberg, R. (1991). Lernalter und motorische Lernleistungen. *sportunterricht, 40,* 216–222.

Joch, W., Hasenberg, R. & Auerbach, A. (1990). Zur Altersabhängigkeit motorischer Lernleistungen. Gibt es ein „bestes motorisches Lernalter"? *Sport Praxis, 31,* 39–42.

Kantomaa M. T., Stamatakis, E., Kankaanpää, A., Kaakinen, M., Rodriguez, A., Taanila, A., Ahonen, T., Järvelin, M. R. & Tammelin, T. (2013). Physical activity and obesity mediate the association between childhood motor function and adolescents' academic achievement. *PNAS,* 1–6.

Keller, H. & Meyer, H. J. (1982). *Psychologie in der frühen Kindheit.* Stuttgart: Kohlhammer.

Kiphard, E. J. & Schilling, F. (1974). *Körperkoordinationstest für Kinder KTK.* Weinheim: Beltz.

Kröger, C. & Riedl, S. (2011). *Roll- und Gleitschule: Ein sportartübergreifendes Vermittlungskonzept.* Schorndorf: Hofmann.

Neumaier, A. & Mechling, H. (1995). Taugt das Konzept „koordinativer Fähigkeiten" als Grundlage für sportartspezifisches Koordinationstraining? In P. Blaser, K. Witte & Ch. Stucke (Hrsg.), *Steuer- und Regelvorgänge der menschlichen Motorik* (S. 207–212). St. Augustin: Academia.

Olivier, N. (1997). Soll das motorische Gleichgewicht fähigkeits- oder fertigkeitsspezifisch trainiert werden? In P. Hirtz & F. Nüske (Hrsg.), *Bewegungskoordination und sportliche Leistung integrativ betrachtet* (S. 187–191). Hamburg: Czwalina.

Roth, K. (1982). *Strukturanalyse koordinativer Fähigkeiten.* Bad Homburg: Limpert.

Roth, K. (1987). Motorisches Lernen und Bewegungslehre. In R. Schubert, H. P. Oppermann & D. Späte (Hrsg.), *Handball Handbuch 1* (S. 27–49). Münster: Philippka.

Roth, K. (1998). Wie verbessert man die koordinativen Fähigkeiten? In Bielefelder Sportpädagogen (Hrsg.), *Methoden im Sportunterricht* (3. Aufl., S. 85–102). Schorndorf: Hofmann.

Roth, K. (1999). Die fähigkeitsorientierte Betrachtungsweise (Differentielle Motorikforschung). In K. Roth & K. Willimczik (Hrsg.), *Bewegungswissenschaft* (S. 227–287). Reinbek: Rowohlt.

Roth, K. (2005). *Wie erlernt und optimiert man komplexe sportliche Techniken?* Unveröffentlichtes Manuskript. Heidelberg: ISSW.

Roth, K. (2012). *Koordination ist kinderleicht – Bewegungsspiele für den Alltag.* Booklet zum DVD-Film der TK (2. Aufl.). Hamburg: TK.

Roth, K. (2013). *Ein hierarchisches Fähigkeits- und Anforderungsmodell für allgemeine koordinative Leistungsvoraussetzungen.* Unveröffentlichtes Manuskript. Heidelberg: ISSW.

Roth, K., Damm, Th., Pieper, M. & Roth, C. (2013). *Ballschule in der Primarstufe. 26 komplette Unterrichtseinheiten für die Klassen 1 bis 4.* Schorndorf: Hofmann.

Roth, K. & Kröger, C. (2011). *Ballschule – ein ABC für Spielanfänger.* Schorndorf: Hofmann.

Roth, K. & Roth, C. (2007). *Interkulturelle Vergleichsstudie zur motorischen Entwicklung 9- bis 17-jähriger Kinder.* Unveröffentlichte Daten. Heidelberg: ISSW.

Roth, K. & Roth. C. (2009). Entwicklung koordinativer Fähigkeiten. In J. Baur, K. Bös, A. Conzelmann & R. Singer (Hrsg.), *Handbuch Motorische Entwicklung* (2. Aufl., S. 197–226). Schorndorf: Hofmann.

Roth, K. & Willimczik, K. (1999). *Bewegungswissenschaft.* Reinbek: Rowohlt.

Roth, K. & Winter, R. (1994). Entwicklung koordinativer Fähigkeiten. In J. Baur, K. Bös & R. Singer (Hrsg.), *Motorische Entwicklung – ein Handbuch* (S. 191–216). Schorndorf: Hofmann.

Schielke, E. (2002). Koordinativ-motorische Entwicklung im jüngeren Erwachsenenalter. In G. Ludwig & B. Ludwig (Hrsg.), *Koordinative Fähigkeiten – koordinative Kompetenz* (S. 159–162). Kassel: Universitäts-Bibliothek.

Schulministerium NRW (2012, 21. November). *Beispiel Lehrplan Sportgymnasium – Sekundarstufe I.* Zugriff am 13. November 2013 unter http://www.standardsicherung.schulministerium.nrw.de/lehrplaene/lehrplannavigator.

Weineck, J. (2007). *Optimales Training* (15. Aufl.). Balingen: Spitta.

Wellnitz, I. & Hirtz, P. (1983). Langzeitwirkungen eines pädagogischen Experimentes zur Entwicklung koordinativer Fähigkeiten in der Unterstufe. *Körpererziehung, 33,* 4–7.

Willimczik, K. (1986). Lernen sportmotorischer Fertigkeiten ohne motorische Lernfähigkeit? Zur Bedeutung von motorischen Fähigkeiten, Kognitionen und Emotionen für das Lernen im Sport. *sportunterricht, 35,* 377–387.

Winter, R. (1987). Die motorische Entwicklung des Menschen von der Geburt bis ins hohe Alter (Überblick). In K. Meinel & G. Schnabel (Hrsg.), *Bewegungslehre – Sportmotorik* (4. Aufl., S. 275–397). Berlin: Sportverlag.

Winter, R. & Hartmann, C. (2007). Die motorische Entwicklung des Menschen von der Geburt bis ins hohe Alter. In K. Meinel & G. Schnabel (Red.), *Bewegungslehre – Sportmotorik* (11. Aufl., S. 243–373). Berlin: Sportverlag.

Wollny, R. (2002). *Motorische Entwicklung in der Lebensspanne.* Schorndorf: Hofmann.

Zimmermann, K. & Nicklisch, R. (1981). Die Ausbildung koordinativer Fähigkeiten und ihre Bedeutung für die technische bzw. technisch-taktische Leistungsfähigkeit der Sportler. *Theorie und Praxis der Körperkultur, 30* (10), 764–768.